销售高手大讲堂系列

房地产销售人员
销售口才与销售技巧超级训练

陈春洁　卞德坤　编著

人民邮电出版社

北　京

图书在版编目（ＣＩＰ）数据

房地产销售人员销售口才与销售技巧超级训练 ／ 陈春洁，卞德坤编著. -- 北京 ：人民邮电出版社，2020.1（2022.7重印）
（销售高手大讲堂系列）
ISBN 978-7-115-52615-1

Ⅰ．①房… Ⅱ．①陈… ②卞… Ⅲ．①房地产－销售
Ⅳ．①F293.35

中国版本图书馆CIP数据核字(2019)第252468号

内 容 提 要

  本书采取"大讲堂"的形式，精心挑选了房地产销售过程中的各种常见情形，通过"应避免的错误""情景解析""我们可以这样应对"等模块全方位展示了房地产销售人员的销售策略与销售技巧。本书内容系统全面、实战性强，书中的各种方法和技巧可以随时应用于实际工作中，帮助读者"现学现用"。

  本书是房地产销售人员提升自身功力和业绩的必读之书，同时也可作为房地产开发企业、房地产销售代理机构的员工培训用书。

◆编　　著　陈春洁　卞德坤
责任编辑　庞卫军
责任印制　彭志环

◆人民邮电出版社出版发行　　北京市丰台区成寿寺路11号
邮编 100164　电子邮件 315@ptpress.com.cn
网址 http://www.ptpress.com.cn
北京虎彩文化传播有限公司印刷

◆开本：700×1000　1/16
印张：14　　　　　　　　　2020年1月第1版
字数：150千字　　　　　　 2022年7月北京第14次印刷

定 价：59.80元

读者服务热线：（010）81055656　印装质量热线：（010）81055316
反盗版热线：（010）81055315
广告经营许可证：京东市监广登字 20170147 号

前　言

随着国家对房地产行业调控的逐步深入，像"卖白菜"一样卖房的时代已经过去，房地产销售人员自身能力的高低成了决定其销售业绩的关键因素。

由于房地产销售这一职业入行门槛相对较低，很多年轻人怀揣梦想，通过短短几个月甚至几周的培训就正式踏上了工作岗位。他们中的大多数人都怀有一种简单朴素的想法：只要我能够吃苦耐劳、多接客户，就可以在这个行业获得高薪、取得成功。实际上，房地产销售是一个非常富有挑战性的职业，它对从业者有多方面的要求：你需要富有亲和力，并拥有出色的语言沟通技巧和良好的人际交流能力，让客户愿意亲近你、信任你；你需要具有强大的抗压能力和心态调节能力，能够应对繁重的业绩压力，并能够随时以积极乐观的心态去接待客户；你还需要掌握一定的心理学、法律、金融、建筑学等领域的专业知识，可以快速解答客户提出的各类问题……

由于入职前准备得不够充分，很多房地产销售人员缺乏相应的专业技能，用不合理的方式与客户沟通，结果导致客户不断流失、销售业绩迟迟无法提升。

其实，成为一名房地产销售人员并不难，但要成为一名优秀的房地产销售人员却不是一件容易的事。即使是已经有多年销售经验的房地产销售人员，也经常面临着如下诸多困惑：

为什么客户很喜欢这套房子却迟迟不肯购买？

为什么我每天都很热情地接待客户，销售业绩却无法提高？

为什么客户总是抱怨这抱怨那，到底该如何说服他们？

为什么即使给客户的价格已经很实在了，客户还是要讲价？

为什么很多客户只看不买，该怎么说服他们？

……

在实际销售过程中，房地产销售人员经常会面临上述问题。不解决这些问题，房地产销售人员的销售业绩也就无从提升。为了解决广大房地产销售人员的这一痛点，帮助销售新人快速入门、销售老手突破瓶颈，本书作者依托自己多年来积累的房地产销售与培训经验编写了这本书。在书中，我们收集整理了房地产销售过程中各种常见的问题，选取了销售实战中的典型案例，模仿真实的对话场景进行表述，以帮助房地产销售人员不断提高自身的销售技能。

当然，仅仅依靠参考案例来解决问题是治标不治本的。为提高房地产销售人员解决实际问题的能力，本书采用"大讲堂"的形式，按照"应避免的错误＋情景解析＋我们可以这样应对"的模式进行阐述，即依照麦肯锡发现问题和分析问题的方法有步骤地解决问题，循序渐进地启发读者的思维，一步步帮助读者取得骄人的业绩。

《房地产销售人员销售口才与销售技巧超级训练》是房地产销售人员提升自身技能和业绩的必读之书，同时也可作为房地产销售机构的员工培训用书。如果你能够将书中的销售知识和业务技能融会贯通并做到举一反三，相信你一定能快速成长为房地产销售行业的高手！

目 录

第四章　别让价格成为绊脚石　// 137

第五章　踢好"临门一脚"促交易　// 183

第一章

如何赢得客户的好感

大讲堂 1

当售楼热线响起来时

新来的房地产销售人员小刘是个急性子，工作热情极高，每次接听售楼热线时都是电话一响就马上接听："您好，××售楼处！请问有什么可以帮您吗？"可是一个月下来，她发现这样做效果其实并不好，这是为什么呢？

☒ 应避免的错误

1. 电话铃声一响就马上接听。

——电话铃声一响就马上接听，客户会认为你太闲了或太在意生意了。

2. 电话铃声响了七八声才接听。

——客户的耐心是有限的，电话铃响七八声才去接，会让客户觉得没有受到尊重或不被重视。

有些房地产销售人员认为，电话铃声一响就应该立即接听，只有这样才能显示出对客户的尊重。事实上，这种做法是错误的。最适当、最完美的接听售楼电话的时机，应该是在电话铃声响到第三次的时候。这是为什么呢？

（1）如果在电话铃响起的第一时间就接起来，客户会认为我们太闲了或太在意生意了。有些客户在拨出电话时还没准备好要说什么，如果我们接听得太快，客户很可能会反应不过来。

（2）当电话铃声突然响起时，可能会打断我们手头正在做的事情，我们必须用一点时间来从容地暂停手边所做的事情，停止杂乱的思绪，调整我们的心情，以快乐、热忱的态度来接听客户的电话。

（3）电话铃响三声再接听，会给客户一种业务繁忙的印象，并刺激他们的购买欲望。但是，我们一定要把握好度，绝不能让客户等候太长的时间，否则就会出现适得其反的效果，客户可能会因此变得不耐烦或失去电话咨询的热情，进而使我们失去这次销售机会。

注意

一般情况下，售楼处的电话都不止一部，而房地产销售人员毕竟人数有限，并且还要接待现场的客户，因此有可能无法及时接听电话。这时我们要对客户表示歉意，请求对方谅解，如："不好意思，让您久等了……"

☑ **我们可以这样应对 1**

（在电话铃声响到第三次的时候接听）

房地产销售人员："您好，××售楼处。请问有什么可以帮到您？"

客户："请问你们售楼处在哪儿？"

房地产销售人员："……"

❖ 点评：接听客户电话的时机要讲究一个度，接得太急有失矜持，接得太慢又会显得不够在意。最适当的接听时机是在电话铃响到第三次的时候，只有这样才能显得不急不缓，从一个小小的细节上让客户体会到你的专业，从而有利于下一步沟通的顺利进行。

☑ 我们可以这样应对 2

（在电话铃声响起三次以后才接听）

房地产销售人员："您好，××售楼处。不好意思，让您久等了，请问有什么可以帮到您？"

客户："广告上说你们楼盘国庆节期间有优惠活动，具体有什么优惠呢？"

房地产销售人员："……"

❖ 点评：如果遇到特殊情况未能及时接听电话，一定要对客户表示歉意，请求对方谅解，千万不能让客户误以为你是在故意怠慢他。

大讲堂 2

当客户在电话中询问楼盘情况时

通常情况下，客户在获知楼盘信息后，往往会先通过电话咨询一下楼盘的基本情况，以此决定是否有必要到售楼处洽谈。如果我们的电话接听方法得当，客户就有可能被吸引到售楼处来；反之，如果我们的电话接听方法不当，客户就可能挂掉电话而转向其他项目。那么，当客户在电话中询问楼盘的情况时，我们该如何回答才能吸引客户前来售楼处呢？

☒ 应避免的错误

1. 客户问什么答什么。

——当客户获得了自己需要的信息之后，极有可能就此结束交谈并挂断电话，而在整个过程中我们却一直被牵着鼻子走，没有获得任何有价值的信息。

2. 把楼盘所有情况都向客户详细说明。

——这样做很可能让我们的推介毫无亮点，无法激起客户的兴趣，更不要指望能约客户来售楼处参观面谈了。

3. 不和客户多谈，告诉客户想了解具体情况就来售楼处洽谈。

——如果客户对楼盘情况一点都不了解，他们就不可能对楼盘产生兴趣，更不会主动到售楼处来。

4. 没有及时邀约客户来售楼处进一步面谈。

——房地产销售人员认真接听客户电话的目的，就是激发客户的兴趣，吸引其到售楼处参观洽谈。如果不能及时有效地发出邀约，那么就等于浪费了这次机会。

接听售楼热线的目的是什么？是为了达成交易吗？当然不是。客户不可能通过一个电话就做出买房这样的重大决策，只有到现场参观洽谈以后才有可能成交。因此，我们接听售楼热线最主要的目的就是通过电话沟通让客户对楼盘产生兴趣，并且到售楼处参观洽谈。

1. 熟悉"答客问"

一般情况下，每个楼盘都会制作"答客问"，以统一销售口径。在接听售楼热线时，我们应尽量使用统一的销售口径来回答客户提出的问题。否则，如果每个房地产销售人员的口径不一样，就很容易引起客户的质疑。

为此，我们要全面了解和熟悉自己楼盘的情况，背熟公司准备好的"答客问"等资料，做到有备无患；对于公司即将发布的广告，我们也应事先了解其内容，仔细研究如何应对客户可能提及的问题；对客户的来电，要有针对性地答复，绝不能一问三不知，或敷衍了事。

2. 控制通话节奏

在接听售楼热线时，我们应由被动接听转为主动介绍、主动询问，而不能单纯地客户问一句你回答一句，被客户牵着鼻子走。

- 关于楼盘的具体情况要适当保留，如果我们在电话中就将所有情况全盘告知了客户，那么就很难引起他的兴趣，更不要指望他到现场来了。
- 不要在电话中与客户谈折扣、优惠之类的问题，如果客户有兴趣的话，最好让其亲自来售楼处参观洽谈。
- 当客户提出问题时，不要急于回答，可以婉转地发问。等其回答以后，我们再回答他的问题，但要把握分寸，不要咄咄逼人。
- 对于客户提出的有些问题，我们可以暂时不回答，而是告诉客户需要询问同事或上级以后才能给予答复，这样我们就有适当的理由对客户进行电话回访了。

3. 控制通话时间

在接听售楼热线时，我们一定要控制好通话时间。不能客户想聊多久，我们就陪他聊多久。一来，长时间占线会导致其他客户打不进电话；二来，通话时间过长也容易给对方以客户稀少的错觉。

新楼盘上市期间来电较多，这时我们更要缩短谈话时间，一般以2~3分钟为宜。如果对方的问题比较多，我们可邀请对方到售楼处详谈。

4. 巧答问题

一般情况下，客户在电话里咨询的问题主要有以下几类：地点、户型、价格、付款方式及工期等。

（1）回答关于楼盘地理位置的问题时，我们应掌握相应的技巧。即使是相同的地理位置，用不一样的方式来解说，也会给客户不一样的感觉。例如，如果只是简单地说出区位，客户可能会提出"太远了""太偏了"之类的异议。这时候，我们如果能补充性地告诉客户"距离××商业中心只有五分钟车程""那里的公交线路有十多条呢"，那么客户对该地段的认识就会更为深刻。此外，对于一些较为偏远的地区，我们还可以以"高教区""市政规划""升值潜力"等隐含的优势条件去引导客户。

（2）户型也是客户关注的焦点。不同的客户有不同的需求，有的人由于经济能力等原因而选择小户型，有的人则会由于家庭人口等原因而选择大户型。因此，我们不但要清楚楼盘有哪些户型，还要掌握各种户型的特点。

当客户问到"你们那边有什么户型"时，我们首先要告诉客户我们的户型很多，然后询问客户需要哪一种。如果客户犹豫不决，我们可以试着帮他提提建议，引导客户购买。

（3）一般来说，价格是客户最关心的问题。当然，客户也不会直接告诉我们他能接受的价格是多少，这就需要我们通过交谈来不断试探，进而为客户推荐符合其预算的房型。

此外，在回答有关价格的问题时，我们还可以运用一些简单而有效的心理战术。例如，对于单价高的小户型，尽量报总价而不报单价；对于单价低的大户型，则应报单价而不是总价。这样，客户对价格的抗拒心理就会小很多。

☑ 我们可以这样应对

房地产销售人员："您好，××售楼处，很高兴为您服务！"

客户："您好，我想问下，你们楼盘的房子现在一平方米多少钱？"

房地产销售人员："先生，请问您怎么称呼？"

客户："我姓刘。"

房地产销售人员："您好，刘先生！我姓陈，您叫我小陈就可以了。刘先生，我们楼盘的房子都是一居一价的。不同的楼层、不同的户型，其价格都是不一样的。我们现在是每平方米 38000 元起。"

客户："那你们的具体位置在哪里呢？"

房地产销售人员："刘先生，我们楼盘在 ×× 附近。这里交通和生活都非常便利，紧邻国贸大厦，离万达商业广场只有 10 分钟车程。请问您需要什么户型呢？"

客户："两居或小三居都可以。"

房地产销售人员："刘先生，我们现在新推出了 89 平方米的两居和 113 平方米的小三居，而且还有一系列促销活动，您不妨来我们售楼处看看，我可以给您详细地介绍一下。"

客户："你们什么时候可以交房？要太晚交房，我就不去了，我赶着结婚用房呢。"

房地产销售人员："刘先生，那我先恭喜您了！我们楼盘的第一期，今年 6 月份就可以交房了。您看您是上午来，还是下午来？"

客户："下午吧，我上午还有点事。"

房地产销售人员："好的，刘先生，那我下午会在售楼处专程等候您。我们售楼处在 ×× 路 ×× 号，您知道这个地方吗？要不这样，我加您微信，把具体位置发给您？"

客户："好的。我微信号就是这个电话号码。"

房地产销售人员："好的，刘先生，那我们下午见。"

❖ 点评：一套房子动辄数百上千万元，对于大多数客户而言，买房都是一项重大决策，想通过电话就直接达成交易几乎是不可能的。电话沟通的主要作用就是让客户对楼盘产生兴趣，进而来售楼处参观洽谈，为后续的成交打好基础。所以，房地产销售人员在电话中不能事无巨细地向客户做推介，而应该正确把握客户的关注点，并及时发出邀约。

大讲堂 3
当在电话中想要获取客户信息时

为了便于日后开展客户跟踪工作，在接听售楼热线时，我们应尽可能地获取客户的姓名、联系方式以及其他基本信息。可是，有些客户不愿意提供这些信息，我们该怎么办呢？

☒ 应避免的错误

1. 客户不想说就算了。

——只有拿到客户的电话号码才能方便接下来的跟踪、回访和邀约。无法获取客户的电话号码，基本上就等于放弃了这个客户。

2. 以公司规定为由，要求客户提供相关信息。

——这种理由容易让客户产生抵触情绪，从而变得更加谨慎。

我们接听售楼热线，不但要帮客户解决问题，还要尽量了解客户的情况，以便以后我们能够进行客户回访和邀约。通常情况下，我们需要了解的客户情况包括其姓名、联系方式、家庭住址、获得楼盘信息的渠道等。如果客户配合，我们还应该设法知道客户的意向户型、意向面积、购房预算等方面的具体信息。

获取客户电话的几个小招数

第一招：及时反馈最新信息。

——"您留一下电话号码吧，等我们的价格表出来后，我会第一时间通知您！"

第二招：邀请客户参加活动。

——"我们过段时间会有个促销活动，届时会推出一些特价房。您可以留下电话号码，我到时候好通知您！"

第三招：找个理由给客户再打过去。

——"对不起，我现在正要接待客户，您方便的话可以留下电话，半小时后我再打给您！"

——"对不起，我对这个问题不是很清楚，需要问一下我们经理。请您留个电话号码，我问清楚后给您打电话。"

第四招：如果客户实在不愿意留电话，我们就留下自己的联系方式。

——"要不这样吧，我留个电话给您，如果您有什么需要，可以随时给我打电话。"

☑ 我们可以这样应对

房地产销售人员："您好，××售楼处，很高兴为您服务！"

客户："你好，我看你们在报纸上登广告说推出10套特价房，这些特价房都是多少平方米的，分别在什么楼层？"

房地产销售人员："先生，请问您贵姓？我姓刘，您就叫我小刘好了。"

客户："我姓王。能详细给我介绍一下那几套特价房的情况吗？"

房地产销售人员："没问题，王先生。只是现在刚好有个客户在这边看房，他也是看了广告之后赶过来的。方便的话，您可以留下电话，10分钟后我打给您详细介绍一下。"

客户："好吧。"

❖ 点评：电话号码属于个人私密信息，向客户索要电话号码时一定要注意技巧，千万不能引发客户的不满或不安情绪。

大讲堂4
当准备电话邀约客户来售楼处洽谈时

接听售楼热线最重要的目的就是邀请客户前来售楼处参观洽谈。那么，如何邀约客户，成功率才更高呢？

❌ 应避免的错误

1."有什么需要了解的，到我们售楼处详谈吧！"

——客户之所以先打电话，就是想先了解一下大概情况，有兴趣了才会来和你面谈。

2."您什么时候有空？到我们售楼处来，我再给您详细介绍。"

——问客户什么时候有空？客户通常会和你说："那行吧，我有空再去找你。"至于找不找你、什么时候找你，那就不好说了。

每个人都会接听电话，可通过电话吸引客户前来洽谈或实地看房就需要讲究技巧了。

1. 邀约时机

一接听电话就马上邀请客户前来售楼处面谈肯定是不合适的，这样很容易把客户吓跑。一般情况下，在回答客户 3 ~ 5 个问题，当客户还有其他问题想要了解的时候，或在向客户透露一些较有吸引力的信息后，我们可以留点悬念，真诚地邀请客户前来详谈，如："刘先生，房子好不好，还是要到现场看了之后才知道，我建议您亲自来我们售楼处实地看看……"

2. 邀约方式

为了提高邀约的成功率，在与客户约定看房时间时，我们尽量不要用开放式的提问，而要用封闭式的提问。

开放式提问：

房地产销售人员："王先生，您什么时候到我们售楼处来参观？"

客户："有空我就去。"

封闭式提问：

房地产销售人员："王先生，您是星期六过来，还是星期天过来？"

客户："星期天吧。"

房地产销售人员："好的，我会专程等候您的。"

---

3. 告知具体地点

在邀请客户时，我们必须清楚地告知客户售楼处的详细地址，最好能说出具体的交通路线。例如："我们楼盘在 ×× 路 ×× 号，您可以坐地

铁 × 号线到 × × 站，从 A 口出来就能看见'× × 售楼处'的广告牌。"

这么做的原因是，如果客户不知道具体的路线，那么他就很有可能会选择放弃前往售楼处。

4. 留下自己的电话

在通话过程中，我们要尽可能报出自己的姓名，并且给客户留下自己的手机号码，告诉客户可以随时咨询，并再次表达希望客户前来售楼处看房的愿望。

通话结束前，要向对方表示谢意，以给对方留下良好的印象，这一点至关重要。例如："感谢您用这么长时间听我介绍，希望我的介绍能让您满意！"

通话结束后，我们要等对方先挂断电话再轻轻挂断，绝对不可以莽撞地挂断电话，更不可以重重地扣上电话机。

☑ 我们可以这样应对 1

房地产销售人员："下午好，× × 售楼处！"

客户："你们那单价多少？"

房地产销售人员："请问先生贵姓？我姓陈，您叫我小陈就可以了。"

客户："免贵姓张。"

房地产销售人员："张先生，我们楼盘是一房一价的，房子的价格要根据其楼层、户型、朝向而定，均价是 38000 元 / 平方米。"

客户："你们的楼盘在什么位置？"

房地产销售人员："在 × × 路与 × × 路的交叉口，交通十分方便，环境也很好。请问您需要多大面积、什么户型的房子呢？我可以简单地为您介绍一下。"

客户："你们那有三室二厅 120 平方米左右的房子吗？"

房地产销售人员："有的，张先生，我们售楼处的资料比较齐全，并且有专人介绍，您不妨来现场参观一下，这样您也能具体地了解一些情况。"

客户："好的。"

房地产销售人员："张先生，请问您是今天还是明天过来一趟呢？"

客户："明天吧。"

房地产销售人员："请问您是上午来还是下午来？"

客户："下午吧。"

房地产销售人员："好的，张先生，明天下午我会在售楼处等您，再见！"

❖ 点评：为了提高邀约的成功率，在与客户约定看房时间时，尽量不要用开放式的提问，而要用封闭式的提问。

☑ 我们可以这样应对 2

房地产销售人员："林小姐，我现在和您说我们这个楼盘有多好是没用的，您还是得自己体会、自己喜欢。您觉得呢？"

客户："那倒也是。"

房地产销售人员："所以，我建议您亲自来我们售楼处参观一下，毕竟'耳听为虚，眼见为实'。您是今天过来，还是明天过来呢？"

客户："我现在就过去吧。"

房地产销售人员："好的。我们售楼处就在××路上。您开车可以走成功大道，到××路口左转就会看见'××花园'售楼处的广告牌了。"

客户："好的。"

❖ 点评：在邀约客户看房时，要尽量把地点说清楚。否则，客户可能会因为觉得不好找就懒得来，甚至会认为楼盘地段不佳。

大讲堂5

当客户在通话中突然不高兴时

对于接听售楼热线这件事，很多房地产销售人员都是又爱又恨。爱的是这个电话可能给自己创造很好的成交机会；恨的是只要稍有不慎或不注意就可能引起客户强烈的不满，甚至会被客户无情地挂断电话。那么，我们在接听售楼热线的时候该注意哪些方面呢？

☒ 应避免的错误

1. 不注意接听电话的礼节，过于随意。

——电话礼仪对于房地产销售人员而言是一项必修的课程，它关乎楼盘和房地产销售人员自身的形象，稍有不慎就可能引起客户的不满。

2. 接听时没有注意姿势，太过随便。

——在电话沟通过程中，你的姿势甚至你的内心活动都会影响你的气息、语调。姿势过于随意，会让声音显得很慵懒、没有精神，客户会觉得你没有职业精神或不够专业。

3. 不自觉地说口头禅。

—— 一些口头禅在面对面交流时看起来无伤大雅，但在电话沟通过程中会让客户觉得你不尊重他，从而对你的素质表示怀疑，并对你以及楼盘产生反感。

在接听电话时，我们要自始至终地注意文明大度、礼貌待人、尊重客户，做到语言文明、态度文明以及举止文明，绝对不可以用庸俗粗陋的语言攻击对方，否则就会招致客户的不满，还会影响自身及楼盘的形象。

1. 主动问好

在接听售楼热线时，我们应主动问候客户，并自报家门，如："您好，这里是××售楼处！"

主动问好不仅是礼貌的行为，也向客户表达了"我就代表公司"的强烈责任感和意识。

2. 使用礼貌用语

在接听售楼热线时，我们应多注意使用礼貌用语，如"您好""谢谢""很抱歉"等。

除此之外，我们还要学会善用"请"这个字。简简单单的一个"请"字，往往能够让客户产生受尊敬的感觉，这对我们的工作是有百利而无一害的。

以下是一些电话中常用的礼貌用语，供大家参考。

接听电话礼貌用语

◇ "您好，这里是××售楼处！"

◇ "请问先生/小姐，您怎么称呼？"

◇ "对不起，他/她人（对方要找的人）不在，有什么事我可以帮您转达。"

◇ "请稍等！我帮您把电话转给他/她！"

◇ "好的，再见！欢迎您随时到我们售楼处来参观！"

---

3. 认真倾听，积极回应

在通话过程中，我们要仔细倾听，尽量不要打断对方的讲话。为了让客户知道我们在认真地听并已理解他的意思，我们应不时地以"对"或"是"进行回应。

如果在接听电话时有同事或现场的客户跟我们说话，我们可做手势让他稍等，挂断电话后再与其交谈。如万不得已，我们应向通话的对方说明情况后用手捂住话筒再与其交谈，以免引起误会。

4. 礼貌转接，维护形象

有时候，客户要找的人可能不是你，而是你的同事，这时候，我们仍然需要保持礼貌的态度，这是维护企业和个人形象的基本要求。

（1）如果客户要找的人正好不在，我们应询问客户是否有急事需转告，并及时将客户的留言记录下来。

（2）如果客户要找的人抽不开身，我们应向客户表示歉意。例如，"对不起，他／她现在有事情无法接电话，我让他／她晚点给您回电话，可以吗？"

（3）如果被找的人在离电话较远的地方，我们要说明情况并请客户稍等，然后去叫被找的人。

（4）被叫人接听电话时要向客户道歉，请求客户的谅解。

提醒

如果电话忽然中断，我们要立即回拨，向客户道歉并说明引起通话中断的原因，而不要等客户再次打来电话。

---

5. 调整情绪，保持正确姿势

电话沟通的媒介是声音，这就要求我们在接听电话时必须保持态度和蔼、声调柔和、语音亲切、吐字清晰、语速适中、话语简洁；通话过程中，应避免使用口头禅；不能吸烟、喝茶、吃零食，不允许对着话筒打哈欠、咳嗽、肆无忌惮地大笑；调整自己的面部表情，最好能够时刻保持微笑；控制自己的情绪，不要把任何不愉快的情绪带到工作中来；保持端正的姿势，确保传递给客户的声音是亲切悦耳、充满活力的。

6. 道谢收场，让客户先挂电话

通话结束前，我们要向对方表示谢意，这也是基本的礼仪。另外，我们要等对方先挂断电话，自己再轻轻放下电话。绝对不可以莽撞地挂断电话，更不可以重重地扣上电话机。

☑ 我们可以这样应对

1. 接起电话时

——"您好，这里是 ×× 售楼处！"

❖ 点评：电话沟通中客户虽然看不到你，但是却能通过你的声音感知到你的态度。声音清晰、洪亮，自然会给客户留下好的第一印象。

2. 询问客户姓名时

——"您好，我是小陈，请问先生 / 小姐您怎么称呼？"

❖ 点评：自报家门后还应该及时询问客户的姓名，以便在之后的沟通中正确称呼对方。

3. 客户打电话找人时

——"明白了，我会帮您转达给他 / 她的。"

——"好的，请稍等一下，他 / 她马上来。"

❖ 点评：同事的客户也是楼盘的客户，同样要热情接待，并做好转达的工作。

4.电话中断回拨时

——"对不起，刚刚电话不知道怎么断了。您刚才是问我们楼盘什么时候交房吗？"

❖ 点评：不管电话是因为何种原因中断的，房地产销售人员都应该及时回拨，并向客户表示歉意，只有这样才能让客户体会到你对他的尊重。

5.准备结束通话时

——"好的，再见！欢迎您随时到我们售楼处来参观！"

❖ 点评：电话沟通时，一定要注重礼仪，自始至终都要让客户体会到你对对方的礼貌、尊重。

大讲堂 6

当客户表情冷漠不爱搭理我们时

在接待客户的过程中，难免会遇到一些冷漠的客户，对我们的问候不理不睬。在这种情况下，我们该如何才能获得客户的好感，让客户敞开心怀和我们交谈呢？

☒ 应避免的错误

1."先生，我给您介绍下我们楼盘吧……"

❖ 点评：不消除客户的排斥情绪，依旧滔滔不绝地讲解，反而更有可能赶走客户。

2.你不搭理我，我也不搭理你。

❖ 点评：很显然，这种斗气的做法是无法取得销售佳绩的。客户态度冷漠，一般不是针对某个房地产销售人员，可能这只是他的一种本能的自我保护，也可能他的性格就是如此。

3.这个客户既然没有诚意，那就不理他，转身去接待另一位客户。

❖ 点评：如此对待客户，会导致客户的不满情绪。任何一个潜在客户都是不能轻易放弃的。

客户对我们的问候不理不睬，要么是性格的原因，要么是因为客户对房地产销售人员怀有戒备心理，担心被我们忽悠。

其实，人们在很多时间和场所都会下意识地筑起一道自我保护的"围墙"，而围墙内就是他们的私人空间。这个私人空间是不容侵犯的，如果有人进入了，他就会产生不安和压迫感。因此，在接待客户的时候，我们必须尊重客户的安全地带（即客户的私人空间）。

有些客户在看房时喜欢自己看，不习惯房地产销售人员接近自己。如果我们遇到这种类型的客户，就要尊重他的选择，不要强闯客户的"安全地带"，也就是不要刻意上前解说，以免给客户带来不安和反感。正确的接待方式就是礼貌地让客户自由参观，而自己站在两三米外的地方，静候客户的求助信号。

☑ 我们可以这样应对

房地产销售人员："您好，欢迎光临××售楼处。先生，这边请。"

（客户对房地产销售人员的问候不予理睬，自顾自地到沙盘区参观）

房地产销售人员："先生，看来您对房地产很熟悉，那我就不打扰您看沙盘了。如果有什么需要，您可以随时叫我。"

❖ 点评：不同的客户有不同的性格，我们在接待时应做到有礼有节，不能按自己的意愿去做一些让客户不高兴的事。

大讲堂 7

当之前接待客户的房地产销售人员已离职时

房地产销售行业人员流动频繁，房地产销售人员离职是很正常的事情。正常来说，房地产销售人员离职前要办好相应的交接工作，之前接待的客户要交由新的房地产销售人员跟进。但是不排除有客户直接上门找之前接待他的房地产销售人员，这时我们该怎么做？

☒ 应避免的错误

1. 那位房地产销售人员已经离职了，却告诉客户他有事不在。

——客户只要打电话给之前的房地产销售人员就可以知道真相，而你只会给客户留下一个不诚实的印象。

2. 向客户表示那位房地产销售人员因业绩不佳或违反公司规定而被辞退了。

——客户可能并不是很在意他离职的真正原因，而你这样大张旗鼓地一说，则有落井下石的嫌疑。客户如果对之前的房地产销售人员印象不错，就会对你产生反感。

当来访客户要找的房地产销售人员已经离职时，我们应该对客户如实相告。无论该房地产销售人员出于何种原因离职，我们都没有必要欺瞒客户。客户之所以再次找之前的房地产销售人员，说明他对这位房地产销售人员抱有好感，并且比较信任。如果我们在这个时候落井下石，或用词不当，就会有背后诋毁他人之嫌，极有可能招致客户的反感。此时我们有必要适当地对该房地产销售人员的工作表示肯定，以获得客户的同感和共识。

　　既然客户之前已经来过售楼处，必然已经对我们的楼盘有了一定的了解，目标也相对明确。接待这样的客户，我们一定要通过引导性的提问，快速获取和整理出完整的客户信息，迅速拉近与客户的距离，获得客户对自己的信任。送走客户之后，我们要及时向公司通报情况，表示这位客户已经由自己接手。

☑ 我们可以这样应对 1

　　房地产销售人员："您好，请问您需要什么帮助？"

　　客户："小张在吗？"

　　房地产销售人员："不好意思，前不久小张刚刚离职了。我是小王，请问您贵姓？"

　　客户："我姓刘。"

　　房地产销售人员："刘姐，您好！很高兴为您服务，您有什么需要跟我说就可以。"

　　客户："之前小张向我介绍了一套 8 楼靠近中庭的房子，三室两厅的，我想再详细了解一下。"

　　房地产销售人员："好的，没问题！"

　　❖ 点评：不管客户要找的是哪位房地产销售人员，既然是你接待的，你就要热情服务，及时建立起客户对你的信任感，引导客户把关注点放在楼盘本身。

☑ 我们可以这样应对 2

　　房地产销售人员："您好，请问有什么可以帮您？"

　　客户："小张在吗？"

　　房地产销售人员："不好意思，上周小张刚刚离职。我是他的同事小王，您有什么需要都可以跟我讲。"

客户："他离职了啊，我都没听说。"

房地产销售人员："小张走得比较急，所以没能通知到所有的客户。不过他离开之前交代我们要好好接待他的客户。您放心，我们一定好好为您服务。"

客户："那好……"

❖ 点评：客户明显对前任房地产销售人员抱有好感，此时我们要适当地对他的工作表示认可，这样才可以在短时间内拉近与客户的关系，方便双方之后的沟通与交流。

大讲堂 8

当客户是朋友或熟人介绍来的时

有人帮忙介绍客户是好事，但是相比起来，大家更乐意接待老客户介绍来的新客户，而对朋友或熟人介绍来的客户却感到左右为难。尤其有些新客户不了解行情、不理解房地产销售人员，房地产销售人员已经尽力给了最大优惠，但他们还嫌房地产销售人员不够意思。面对这类特殊的客户，房地产销售人员该如何接待呢？

⊠ 应避免的错误

1. 和接待其他客户一样，一视同仁。

——和接待其他客户一样接待朋友或熟人介绍来的客户，很容易招致对方的不满，甚至会招致朋友或熟人的不满。

2. 让其他同事帮忙接待。

——朋友或熟人给你介绍客户，你却推给其他同事，以后谁还敢介绍

23

客户给你呢？

3. 直接告诉客户，我只能帮这么多了，如果可以就买。

——话是实在话，不过这也要看对方的性格。对方可能会认为你不乐意接待他，不乐意帮助他。

朋友或熟人介绍客户给我们，我们首先要对其表示感谢，在适当的时候打电话通知他，感谢他们对自己的信任和支持，并表示会尽最大努力让他们满意。同时，多了解一些新客户的信息，如购买意向、预算、性格等，这样才能"知己知彼，百战不殆"。

和新客户初次见面，我们可以直接称呼其"刘先生／刘总"以拉近距离。接待新客户时，我们要表现出十分的热情，不时地夸一下朋友或熟人的优点，如"傅先生是个很豪爽的人，对人很好"之类赞美的话。同时，感谢他们的信任，表示"既然您是傅先生的朋友，我肯定会尽心尽力为您服务的"，然后仔细询问客户的需求，结合先前从"傅先生"那里获得的信息，有的放矢地向他推荐。但是，不要轻易做出承诺。因为如果不能兑现承诺的话，不仅会对销售不利，还会影响朋友或熟人对我们的印象。

☑ 我们可以这样应对 1

房地产销售人员："刘总，您好。虽然没见过面，但我可是经常听陈总提起您的大名，说您事业很成功，而且还特别重义气、乐于帮助朋友。"

客户："哪里啊，还是陈总的生意大，我这只是小打小闹。"

房地产销售人员："刘总，您可真谦虚。对了，刘总，您这次准备买多大的房子？"

客户："我想换套大点的。小王，陈总说你是他的好朋友，我可就把这事委托给你了，你要好好帮我选一套好房子啊。"

房地产销售人员："放心吧，刘总，您是陈总的朋友，也就是我的朋友。我一定会尽力的。"

❖ 点评：阿谀奉承固然不好，适当的赞美却可以让人如沐春风，尤其是老客户介绍来的客户，只要房地产销售人员表现出足够的热情，就容易拉近与新客户的心理距离。

☑ 我们可以这样应对 2

房地产销售人员："刘总，您觉得 1803 的这套房怎么样？"

客户："嗯，这几套中还是 1803 最好，楼层高，户型也不错，就是价格太高了。您看看能不能再优惠点？"

房地产销售人员："刘总，您放心，我给您的已经是最优惠的价格了。您也知道，我们这个楼盘销售得很好，现在三居的只剩 10 套了。"

客户："43000 元 / 平方米还是有点贵啊。能不能找你们经理再要点优惠呢？"

房地产销售人员："大家是朋友，我肯定会尽力帮您的。我再去向经理申请看看。不过，我不知道经理会不会同意啊。"

❖ 点评：对于客户在价格方面的要求，即使能够满足也不能立即答应，因为答应得过于爽快往往会被客户误认为还有讨价还价的空间。

大讲堂 9
当感觉客户像同行的踩盘人员时

在业内，踩盘是一种非常常见的行为。房地产销售人员发现某位客户问的问题很专业，而且问的内容与其他客户不一样，感觉该客户是同行的踩盘人员时，应该如何接待比较好呢？

☒ 应避免的错误

1. 凭观察或主观判断某位客户是踩盘人员，便急着摆脱他。

——这种做法过于武断，有些客户可能只是因为关注楼盘很久了，所以才比较了解，问的问题也更加专业一些。这种错误做法，不但会错失很多准买家或潜在客户，而且也会给客户留下不专业的印象。

2. 即使是踩盘人员，也要像接待其他客户一样接待。

——在态度上，一视同仁是应该的；但如果在精力上也一视同仁，那就很可能会对自己的销售业绩造成影响。

项目新开盘时，前来踩盘的同行人员比比皆是。但是我们不能只凭观察或直觉来判断，必须通过其他方式进一步确认对方到底是踩盘人员还是真正的客户。

"赞美法"是一种非常有效的方法。心理学家指出，每个人都有获得别人肯定和赞美的欲望，这是人的一种本性。因此，当我们观察到或凭直觉判断某位客户像踩盘人员时，我们可以用"专业"两个字去赞美他，看对方的反应。例如，我们可以说："先生／小姐，您对房地产了解得那么透彻，比我还专业，我真佩服您！"

一般情况下，真正的买家听到这种肯定及赞美会非常高兴，他可能会说："哪里哪里，我只是多看了些资料，多转了几个楼盘而已。"此时我们要抓住机会，询问对方看过哪些楼盘，对那些楼盘的感觉如何，以及对我们的楼盘有何看法等。

而如果对方是踩盘人员，听到我们夸他"专业"，他很可能会认为自己的踩盘行为已经被识破。此时，对方要么大大方方地承认身份，要么变得支支吾吾，再问对方任何专业的问题，对方不是装作不知道，就是含糊其辞。

对于踩盘人员，我们应持开放的心态去对待，毕竟踩盘这种工作也是我们需要做的。要知道，即使是同行，他也可能有购房的需求。而且，这对我们来说也是一个学习的机会，我们可以学习他们是如何做市场调研工作的。

当然了，当售楼处的客户很多的时候，我们不可以在踩盘人员身上耽搁太多时间，我们可以跟对方说："这里有份楼盘资料，要不您拿回去看看。"

☑ 我们可以这样应对

客户："请问你们的得房率是多少？"

房地产销售人员："先生，您这个问题问得很专业啊，一般客户都是问公摊面积是多少，很少有问得房率的。"

客户："我只是看过这方面的书，也听朋友说过这个问题而已。你们现在的销售情况怎么样？"

房地产销售人员："我们楼盘的销售情况非常不错。请问您想看几居的？"

客户："三居的吧。你们三居的户型有多少平方米的？"

房地产销售人员："我们三居的户型面积从98到135平方米都有。这样吧，我先拿份户型资料给您看看，好吗？"

客户："好的。"

❖ 点评：判断客户是否是踩盘人员时，最好以言语试探，并注意观察对方的表情和动作变化，但在态度上要做到一视同仁。

大讲堂 10

当客户带着多人同行，无法周全接待时

有些客户来售楼处看房时，会带上几个亲朋好友同行，也有些客户是几个人一起打算团购。我们房地产销售人员没有三头六臂，怎么做才能照顾到每一个人，让与客户同行的人都满意呢？

☒ 应避免的错误

1. 只专注接待目标客户一人，让随行人自便。

——在接待客户的过程中，我们一定要清楚地意识到，有很多双眼睛都在盯着自己，无论怠慢了谁，都会对后续的接待过程产生不良的影响。

2. 尽力招呼每一个人，却没办法好好与客户深入地交谈。

——房地产销售人员"一对多"接待客户时，一定要在重点照顾目标客户的基础上再周全接待其他人，不可顾彼失此，否则只会让客户对你的业务能力产生怀疑。

3. 让同事帮忙接待，当着客户的面相互使眼色。

——使眼色往往用于不便明说的情况。当着客户的面使眼色，很容易让客户误以为你们有不良企图，从而对你们失去信任。

客户带着一行人来看房，几个人七嘴八舌，有些房地产销售人员看见这种阵势就慌乱了，不知道该如何接待。其实，这种情况并不难应对：如果是两三个人，那么自己接待便可；如果有三个以上的人随行，或几个客户打算团购买房，那么最好请同事帮忙招待，避免冷落了任何一个人。

请同事帮忙招待的时候，我们不能当场纠正同事在与客户交流过程中发生的错误，也不能当着客户的面一直使眼色。这些虽然都是细节问题，但是关系到一个销售团队的精神风貌和楼盘形象，我们一定要时刻注意。

☑ 我们可以这样应对

房地产销售人员："各位先这边稍坐，我们公司为大家准备了一些茶点，大家可以品尝一下。这边还有我们公司的宣传资料和一些房地产方面的杂志，如果感兴趣，可以翻阅一下。"

（然后单独与客户开始交谈，期间可以时不时招呼一下其他人，注意周围人的情况，及时为他们添加茶水、询问是否需要其他服务等。如果还有其他空闲的同事在场，也可请其他同事帮忙招待随行人员，为他们端茶倒水，与他们寒暄几句。）

❖ 点评：在锁定了目标客户之后，房地产销售人员一定要周全接待其他随行人员。随行人员对你的印象、评价好了，你跟客户的沟通会更加顺畅。

大讲堂 11

在高峰期要同时接待多位客户时

在楼盘开盘或促销活动期间，房地产销售人员经常会遇到要同时接待多位客户的情形。可能你正在接待客户时又有一拨客户走了进来。当然，如果情况允许，应当叫其他房地产销售人员来接待。但是，如果其他房地产销售人员也都没空，该怎么接待才合适呢？

☒ 应避免的错误

1. 立刻丢下现有客户，去招呼新来的客户。

——这种做法太不注重客户的心理体验，会让先来的那位客户感觉自己受到了忽视，甚至认为你看不起他。

2. 专心接待眼前的客户，让新来的客户先自己看看。

——"先来后到"是没错，但客户可不这么认为。一旦受到冷落，客户就会心生不快，甚至转身就走。

3. 一会儿招呼这位客户，一会儿招呼另外一位客户。

——这样的做法并非不可取，但是在两位客户之间转换时一定要自然，不能让客户有"断档"的感觉，只有这样才能兼顾所有人并让每一位客户都满意。

房地产销售人员同时接待两个或两个以上的客户时，要根据情况进行协调。有些客户是可以迅速结束谈话的，例如，有的客户只想要一份楼书和户型单页，有的客户只需要问一个问题，这时候我们就要迅速结束和他们的对话，去招呼新来的客户；如果第一位客户想要了解更多信息，我们可以向他表示歉意，并表明会马上回来，让他继续观看楼盘模型或户型单页，快速迎向新来的客户；如果第二位客户的问题无法立刻解决，便要争取让其他房地产销售人员帮忙接待。

这种情况最考验我们的应变能力和协调能力，不论是继续接待第一位客户，还是接待新来的客户，都不能让他们感觉到自己成了碍事的人，否则他们就很可能会扬长而去。因此，我们需要非常注意措辞。

☑ 我们可以这样应对

房地产销售人员：（对新客户）"下午好，先生，请先这边坐会儿。"

房地产销售人员：（对第一位客户）"先生，您要的资料在这里，请问您还有其他疑问吗？"

客户："没有了，我把这些资料拿回去看看。"

房地产销售人员："行，这是我的名片，以后您随时可以找我。您方便留个联系方式吗？"

客户："这是我的名片。"

房地产销售人员："刘先生，欢迎下次光临，再见！"

房地产销售人员：（对新客户）"不好意思，让您久等了，请问有什么可以帮您？"

❖ 点评：上门的都是客，房地产销售人员专注于接待先来客户的同时，也不能将新来的客户晾在一边。如果能在短时间内解答先来的客户的问题，房地产销售人员就一定要抓紧时间，但切忌敷衍；转向新来的客户的时候，一定要先表示歉意，这样才能让后续的沟通更加顺畅。

大讲堂 12
当来访的客户不愿意留下联系方式时

初次接待客户时，一般都要尽可能地让客户留下联系方式，其目的主要是日后跟踪客户。毕竟，买房是一件大事，看一次房就成交并不常见。可是，有些客户就是不愿意留下联系方式，对此有什么好办法呢？

☒ 应避免的错误

1. 既然客户不想留，就不强求了。

——不做任何努力就轻言放弃，这种做法是非常消极的，很可能使自己丢掉大量潜在客户。

2. 缠着客户，让对方一定要留下联系方式。

——死缠烂打只会让客户心生反感，从而更加不愿留下联系方式。

为了跟踪客户，房地产销售人员通常会让客户留下联系方式。可是，很多客户却不愿意留，这是为什么呢？

可能有几种原因：客户对楼盘还没产生兴趣，或只是路过顺便看看情况，属于无意向客户；客户担心留下联系方式后，会三天两头地接到房地产销售人员的推销电话，影响自己的工作和生活；客户比较注重个人隐私，不愿随意透露个人信息。

其实，让客户留下联系方式的最好办法就是交换联系方式。比如，给客户自己的电话号码，告诉客户如果有什么问题可以随时咨询。如果客户不愿意留下电话号码，我们还可以让客户留下其他联系方式，如微信号等，告诉客户一旦楼盘有新的优惠活动就马上通知他。

☑ 我们可以这样应对

房地产销售人员："先生，这是我的名片，您叫我小陈好了，以后您有什么需要或不清楚的都可以来找我。"

客户：（收下名片后，并没有要交换名片的意思）"好的。"

房地产销售人员："先生，我们公司经常会举行一些促销活动，您可以留个联系电话吗？到时候我们将第一时间通知您。您放心，我们一定不会骚扰您的。"

客户："好吧。"

❖ 点评：当客户没有主动留联系方式的意思时，房地产销售人员千万不要轻易放弃，而应委婉地向客户说明留下联系方式的好处（例如，有促销活动时第一时间通知等），消除客户的疑虑（不会随意打扰），消除客户的戒备心理，引导对方留下联系方式。

第二章

如何把楼盘推介给客户

大讲堂 13

当客户说"我随便看看"时

按照销售流程，当客户来到售楼处时，房地产销售人员首先要为客户讲解楼盘。可是，面对我们的热情接待，有些客户却丝毫不领情，只是回一句"我随便看看"。面对这种情况，我们该如何更好地接近客户呢？

☒ 应避免的错误

1."好的，那您随便看看吧！"

——这种应对方式过于消极，显得不够热情，客户随便看看之后很可能就会离开了。

2.觉得客户没有诚意，转身去接待另一位客户。

——这种做法容易让客户觉得自己受到了忽视，从而产生不满。其实，客户说随便看看，并不是表示客户没有诚意，可能只是不喜欢有房地产销售人员在边上指指点点。

3.寸步不离地跟着客户。

——客户已经说明自己想要随便看看，你还寸步不离地跟着客户，会让客户觉得不自在，从而给客户造成更大的压力。

很多客户在与房地产销售人员接触时都会有防备心理，害怕自己一不小心就落入对方的"陷阱"，成为一只待宰的羔羊。因此，我们再怎么热情，难免还是会有些客户以一句"随便看看"回应我们。

客户想自己随便看看，有可能是对房地产销售人员有一种本能的防备心理，想先自己了解一下楼盘情况；也有可能是想掩饰自己对楼盘并不熟悉的事实，希望通过熟悉售楼处来缓解自己的紧张心情；当然，也不排除客户只是路过，一时兴起进来看看而已。不管哪种情况，在遭到客户的冷淡回应后，我们仍应保持积极处理问题的心态，主动和客户沟通，以轻松的语气来舒缓客户的心理压力，再引导客户说出自己的需求，进行有针对性的讲解。具体来说，我们可以采取以下两种应对方式。

1. 直入主题

当客户表示要随便看看时，我们可以先以轻松的语气表示对客户的认同，随后以向其推介畅销户型或特价房等方式进行试探。例如，我们可以说："好的，那您自己先看看，熟悉一下我们的售楼处。不过，我想向您介绍我们楼盘最畅销的几个户型，不知道您有没有兴趣了解一下？"

当然，客户未必会对这些畅销户型或特价房感兴趣，但是话题却在不经意间展开了，我们也就有机会向客户推介符合他们需求的户型了。

注意

当客户表示要自己随便看看时，房地产销售人员千万不能寸步不离地跟着客户，或对客户过度热情，这样做反而会让客户无所适从，甚至产生反感而快速逃离。

---

2. 适当寒暄几句

很多人说话比较委婉，不喜欢未经铺垫就直入主题，总是习惯在说正事之前先寒暄几句，聊聊家常，沟通沟通感情。可别小看了闲聊，它能帮助我们营造轻松的聊天氛围，拉近双方之间的距离。

对销售而言，寒暄就是交谈的润滑剂。所以，寒暄不是简单地打个招呼，也不是轻描淡写地问候，而是一种必要的沟通。

寒暄的关键在于话题的选择。其实，凡是能引起对方兴致的话题都适合用来寒暄，如新闻、天气、风土人情、对方的爱好等。

（1）新闻类话题。

只有熟悉最近国内国外的重要事件，才不至于在众目睽睽之下问一些每个人都知道答案的问题。以新闻为话题时，开头语通常如下：

- "昨晚看电视……"
- "我刚才听广播说……"
- "昨天网上都在议论……"

（2）天气类话题。

"天气"最适合作为寒暄话题，因为人人都可以感受得到。以天气为话题时，开头语通常如下：

- "今天天气真不错啊！"
- "这几天又降温了，真冷啊！"
- "这段时间怎么老下雨啊！"

（3）风土人情类话题。

常言道："老乡见老乡，两眼泪汪汪。"现在的大城市聚集了来自五湖四海的人，一旦遇见老乡，大家通常会较为兴奋，至少会放松戒备心理。即使我们与客户不是老乡，但如果能谈谈客户老家的情况，客户通常也会予以回应，这样也就打开了话题。

☑ **我们可以这样应对 1**

  房地产销售人员："您好，欢迎光临 ×× 售楼处。小姐，请这边坐。"

  客户："不用了，我随便看看。"

  房地产销售人员："小姐，您来得真巧，我们公司今天刚推出了 10 套特价房，我给您介绍介绍吧？"

  客户："哦，有两居的吗？"

  房地产销售人员："有啊，来，我给您介绍一下……"

  ❖ 点评：不管客户真的只是随便看看，还是找个借口不愿跟房地产销售人员多谈，房地产销售人员都应该积极地提供有诱惑力的信息，吸引客户驻足。

☑ **我们可以这样应对 2**

  房地产销售人员："您好，欢迎光临 ×× 售楼处。先生，请问您想看看什么样的户型呢？"

  客户："我就是随便看看。"

  房地产销售人员："先生，听您的口音，好像是北方人吧？"

  客户："嗯，我是山东的。"

  房地产销售人员："巧了，我媳妇也是山东的。山东现在很冷了吧？前几天我媳妇打电话回家，说那边最近大幅降温，都开始穿毛衣了。"

  客户："是呀，还是南方暖和，我父母想退休后来这里生活，所以我想看看哪个楼盘住起来舒适点。"

  房地产销售人员："是呀，厦门这地方很适合养老，前几天我还接待了一位东北来的客户，他们买了一套 5 号楼的三居。先生，您准备买几居的呢？"

  ❖ 点评：寒暄是销售人员必须具备的一项能力，通过观察客户引出一些话题，会更容易让客户开口说话。

大讲堂 14

当客户看了看沙盘就准备离开时

有些客户到售楼处之后，走马观花地看了看沙盘，拿了点资料就转身离开。遇到这种情况，房地产销售人员该如何留住客户呢？

☒ 应避免的错误

1. "请慢走，欢迎下次再来。"

——客户都送上门了，你却轻易地将他放走，这种消极的态度是不会有好业绩的。

2. "别着急走啊，我再给您介绍介绍？"

——这样空洞、直白的语言对客户而言完全没有吸引力，也无法得知客户离开的真正原因。

3. 小声嘀咕、抱怨。

——无论面对什么样的状况，房地产销售人员都应该保持平和的心理、积极主动的态度。一旦让客户听到这些带有不满情绪的话，不但会让客户对你产生负面评价，还会影响公司的声誉和形象。

客户之所以看了看沙盘就准备离开，并不一定表示他对楼盘没有兴趣，可能只是他的兴趣还没被提起来。

作为房地产销售人员，我们要有这样一种意识：客户出门即流失，尤其是那些没有经过沟通，只是自己看了看就走的客户。因此，我们应设法挽留客户，让客户在售楼处停留更长的时间。客户在售楼处停留的时间越长，对楼盘的了解就越多，就越容易产生购买欲望。

（1）我们可以采取主动请教的方法，探询客户的意见，请求客户告诉自己不喜欢的原因及其真正的需求。通常情况下，当我们询问客户时，客户出于礼貌往往也会有所回应，这样就可以打开话题了，我们也就有机会向客户做详细介绍了。

（2）我们可以制造一些悬念，如"您知道咱们本地绿化率最高的楼盘是哪个吗""您知道外国语中学很快要建一个新校区了吗"等，用这些话题吸引客户的兴趣。一旦客户有了兴趣，我们就有机会向他们介绍楼盘的卖点。

☑ 我们可以这样应对 1

房地产销售人员："小姐，您这么简单看看就要走，我敢说，您可能都还不了解我们楼盘最好的户型是哪个呢！"

客户："哦，是哪个？"

房地产销售人员："您先告诉我，您想看的是两居还是三居？"

客户："三居。"

房地产销售人员："我们三居有一个户型，本来刚开盘就卖完了，后来有个客户因为资金问题退房了，只剩下一套了，而且楼层非常好……"

❖ 点评：对于不爱言辞的客户，我们不能选择与其一同沉默，而应当在适当的时机、以客户可以接受的方式，向其做出推介。

☑ 我们可以这样应对 2

房地产销售人员："先生，您先别急着走，买不买没关系，多了解一下楼盘也没坏处。我给您详细介绍一下我们楼盘的情况吧。"

客户："不用了。"

房地产销售人员："先生，您可知道，现在我们市最好的小学——实验小学要搬到哪里吗？"

客户："哪里？"

　　房地产销售人员："就在我们楼盘对面。您看，对面那些房子是不是都在拆迁？就是因为这块地要划给实验小学了，下半年就要动工了。"

　　客户："哦，实验小学真的要搬过来了？那你们楼盘属于实验小学的派位范围吗？"

　　❖ 点评：客户不想留下来详细了解楼盘，只是因为他不知道楼盘有哪些特别之处。因此，当客户准备离开时，我们需要拿出有诱惑力的卖点去吸引客户。

大讲堂 15
当客户来过多次并很熟悉楼盘时

　　很多房地产销售人员都有过这样的烦恼：客户来过很多次，对楼盘也很熟悉，每次再见到他们，总感觉找不到话题，甚至连沟通都成了一种负担。对于这种客户，房地产销售人员应该如何接待呢？

❌ 应避免的错误

　　1. 把客户晾在一边，让他们自己看。

　　——尽管客户来了很多次，对楼盘也很熟悉，但作为销售人员，我们也不能冷落客户，否则会让客户产生不满情绪。

　　2. 见到客户就谈论购房的事情。

　　——有些客户不论房地产销售人员怎么催都会找各种理由搪塞，逼急了还可能产生反效果。

　　对于初次来访的客户，因为对方不了解楼盘，房地产销售人员可以随意发挥；但熟客就不同了，他们对楼盘已经非常了解，再像接待初次来访的客户那样接待他们就会显得很无趣，也无法促进销售进程。我们可以采用以下四种方法与这种客户交流。

（1）拉家常。既然客户来过好几次，那就已经是熟客了。接待熟客，并不一定总是谈楼盘、谈房子，我们可以和他们拉家常，聊聊工作、家庭，讨论一些新闻之类的话题。我们必须注意的一点是闲聊时也不能忘记正事，要在谈话中掌握客户的真正需求以及兴趣爱好，包括家庭状况、工作情况等。我们所掌握的客户信息越多，就越容易把握客户的心理。

（2）讲案例，让事实说话。我们在向客户再次介绍楼盘时，不要一味地说自己的楼盘有多好，可以用自己或同事接待过的客户做案例，来证明楼盘有多畅销或房子有多好等。

（3）与客户聊聊当前的房地产市场行情。如果当时正值房市低迷期，可以引用一些经济学家或专家的文章和观点来给客户打气，让客户感觉房市已经出现转机，如果再不出手就会错过机会；如果房市形势很好，就进一步用大好形势引导客户的购买行为。

（4）与客户的同行人员聊天。如果客户经常带家人或朋友同行，那么我们可以适当与这些人聊天套近乎。这些人一般都是客户的参谋，能在一定程度上影响客户的购买决策。与他们搞好关系，既打破了无话可说的尴尬局面，又间接拉近了我们与客户之间的距离。

☑ 我们可以这样应对 1

房地产销售人员："您好！王小姐，请坐，给您来杯开水还是饮料？"

客户："小陈啊，给我来杯冰可乐好了，热死了。"

房地产销售人员："是啊，这都快秋天了，还是这么热。不过您有车，出门也不愁。"

客户："哎，有车有什么用，小区停车位不够，我的车停在老远的地方，走到那儿就一身汗了。"

　　房地产销售人员："王小姐，您看我们这个楼盘有两层地下车库，肯定不会有那些烦恼。如果您有兴趣可得抓紧了，小区车位十分紧俏，来晚了可就会被抢光。"

❖ **点评：**寒暄，也就是通常所谓的"拉家常"，是销售沟通的润滑剂。不要以为销售就是不断地推销，适当地寒暄几句会让销售过程变得更为顺畅。

☑ 我们可以这样应对 2

　　房地产销售人员："张先生，您好，欢迎光临！今天想了解些什么？"

　　客户："小陈，把你们的效果图拿来给我看一下。"

　　房地产销售人员："您稍等。对了，张先生，不知道您看报纸了没有，专家说最近楼市好转，房价又要上涨。"

　　客户："是有这么一说，但没这么快吧。"

　　房地产销售人员："前天开会的时候，老板还嫌我们房子卖得太快了，说下个月要考虑涨价呢。"

　　客户："不是吧，还要涨？"

❖ **点评：**对于多次看房又犹豫不定的客户，房地产销售人员要懂得适当地"施压"，以促使其尽快做出购买决定。

大讲堂 16
当客户表示自己是替朋友来了解情况时

　　有时候，前来售楼处看房的客户并不是真正的购房者，或者不是真正的购买决策人。他们通常了解了楼盘的大致情况，拿点楼书资料就要离开。当我们挽留时，他会告诉我们"我只是替朋友先来了解一下情况"。

我们应该怎么做才能接近他们，从他们身上获取购房者的有效信息呢？

☒ 应避免的错误

1．"先生，那您朋友是想要什么样的房子呢？"

——当前客户的意见或建议将对买房人的意向有着举足轻重的影响。如果你完全忽视当前客户的想法，就很容易引发其不满．他就有可能向买房人提供对你不利的信息。

2．因为对方不是真正的买房人就冷淡对待。

——这种做法是对客户的怠慢和不尊重，容易引起客户的不满。既然买房人会拜托客户前来了解情况，说明你完全可以把眼前的客户当作买房人对待。如果你无法获得这位客户的认同，就不可能有机会接触到真正的买房人。

买房人委托当前的客户来看房，说明就目前而言，我们完全可以把两者看作一个统一体，当前的客户就是买房人的代言人。只有当前客户满意了，他才有可能将我们的楼盘介绍给他的朋友。接待此类客户时，我们需要注意以下几点。

1. 不能冷淡

千万不能因为当前客户不是真正的买房人而冷淡对待。我们要注意自己说话的语气、态度，要让客户感觉到自己是被尊重并受到关注的。

2. 学会赞美客户

对客户进行适时、适当的夸赞，让对方更主动地参与到对话中，鼓励对方发表自己的观点和意见，并从中获取一些关于买房者的有效信息，如面积、需求和购买预算等。

3. 发出邀约

在沟通良好或接近尾声时，我们要记得请客户下次带买房人一同前来，以做进一步的了解。谈到最后，一定不能忘了请客户留下他或买房人的联系方式。

☑ 我们可以这样应对 1

客户："我是替朋友来看房的，你们先给我拿点资料。"

房地产销售人员："您真好，这么冷的天都帮朋友来看房，您俩一定交情很好吧！您刚才看了我们楼盘，觉得怎么样？"

客户："还行，不过地段有点偏，周边配套设施也不全。"

房地产销售人员："王先生，看来您对房地产挺了解的。老实说，我们这儿虽然不是中心地段，但这里是政府重点开发的新区。虽然现在附近没什么商店和配套设施，但您看这规划图，一两年后，大型超市、银行、游乐场等都会相继建起来的。"

❖ 点评：买房人委托当前的客户来看房，就说明当前的客户就是买房人的代表。所以，我们千万不能因为当前客户不是真正的买房人而冷淡对待他，而应将其当作真正购房的客户认真对待。

☑ 我们可以这样应对 2

客户："我替朋友先来看看房子。"

房地产销售人员："先生，您朋友能委托您帮忙看房，您对房产一定非常了解，说不定还是一位专业人士呢。"

客户："我是做房地产策划的，对房地产有一定的了解。"

房地产销售人员："请问您的朋友有什么具体的要求吗？比如朝向、楼层……"

客户："最好是南北朝向的，社区的物业管理要好。"

......

客户："这样吧，这两个三居的户型图，我先带回去让我朋友看看，如果可以，周末我让他们来实地看看。"

房地产销售人员："没问题。跟您聊天，我还能学到不少房地产方面的知识。您下次陪这位朋友来看房的时候，可要多多指教。这是我的名片，您就叫我小李吧，您或您朋友有什么要求，可以随时给我打电话。"

客户："好，这是我的名片。"

❖ 点评：委托朋友帮忙看房，买房人一定对这位被委托人有充分的信任。所以，我们要适当地赞美当前客户，这样会给自己加分，也会让双方的交流变得更加顺畅。当前客户的体验好了，他才愿意将他了解到的情况反馈给买房人。

大讲堂 17

当客户表示要先拿点资料回去看看时

客户表示"我先拿点资料回去看看，如果有需要再来找你"，这句话的潜台词往往是"你不用再介绍了，你也不要给我打电话"。遇到这种情况时，我们应该放弃吗？

❌ 应避免的错误

1. 把资料拿给客户，欢迎他下次再来。

——楼盘的好，不能等着客户慢慢去发现，这种消极应对的方式只会让客户一去不返。

2. 当面质疑对方是踩盘人员。

——有这种行为的不一定都是来踩盘的，如果你质疑的是一个真正的客户，对方会感到自己不被尊重，继而转身离开。

听了房地产销售人员对楼盘情况的初步介绍后，客户表示要拿些资料回去研究，其言外之意就是不需要我们再继续推介了。此时，我们最好想办法留住客户，否则很有可能会失去一次成交的机会。

我们可以用诊断式的提问方式来收集信息，摸清客户的真实需求。如果客户执意要离开，我们也应该尽量让客户留下联系方式，或把自己的名片给他，加深对方对自己的印象，以便对方下次来的时候会找我们。

诊断式提问

诊断式提问就是利用"是不是""对不对""是……还是……"等句式来表达自己的疑问。比如：

"您是不是觉得我的解说不到位？"

"您是对产品不满意还是觉得价钱太高了呢？"

这类提问可以用来验证结论与推测，缩小讨论范围。对客户来说，他们也能简单、明确地回答问题，不会有太大的压力。

☑ 我们可以这样应对

客户："我先拿点资料回去，如果有需要，我再来找你。"

房地产销售人员："不好意思，是不是我的介绍不到位或者哪里做得不好呢？"

客户："没有，我只是想自己回去研究研究。"

房地产销售人员："好的，这是我们的楼书和户型单页。如果您现在不赶时间的话，您可以在我们售楼处坐着看，有什么不清楚的地方，还可以随时问我。您这边请。"

❖ 点评：在不使客户产生逆反心理的前提下，适当的挽留不仅可以让客户感受到你的诚意，还可以让客户有更多的时间对楼盘进行深入了解。

大讲堂 18

当客户表示满意了再带父母来看房时

有时候，当我们介绍完楼盘情况后，有些客户会表示自己只是先来了解一下，满意了再带父母来看房。面对这种情况，我们该把火力对准谁呢？

☒ 应避免的错误

1. 向客户表示自己满意了就好，没必要经过父母同意。

——假如客户恰好是一位尊重家人意见的人，那么你这种无视家人看法的态度就极易引起对方的反感。

2. 顿时失去斗志，接待的热情迅速下降。

——这不是合格的房地产销售人员应有的服务态度。不论客户是不是真正的购买决策者，房地产销售人员都应该热情对待，这样客户才更愿意带决策者前来看房。

客户表示要再带父母来看房，通常有两种情况：一是客户要买房给父母居住；另一种是需要父母资助购房资金。我们在接待此类客户时，最关键的是要先摸清谁是真正的购买决策人。通常来说，使用人是最有发言权的。当然，出资人也是不可轻视的。无论哪种情况，我们都应问清楚客户买房是自己住，还是给父母住，或者是共同居住。

明确谁是真正的使用人之后，我们才能有针对性地进行介绍。

☑ 我们可以这样应对

客户："我先了解一下，满意了再带我父母来。"

房地产销售人员："请问您是买来给父母住的吗？"

客户："是的，我打算把父母从老家接过来。"

房地产销售人员："您真孝顺。我们这里的环境好，又比较安静，很多老人家都在我们这里买房。您父母对房子有什么特别的要求吗？"

客户："……"

❖ 点评：即使客户表示不能马上做出购买决定，房地产销售人员也要热情接待，通过询问对客户的需求有一个大致的了解。一般情况下，掏钱的人就是做决策的人，但有些客户买房是送给父母住的，他们往往以住房使用者的意见为决策依据。所以，我们不能慢待任何一方。

大讲堂 19

当客户说只是随便看看，暂时不打算买房时

客户既然进了售楼处，通常都是为了看房、买房的。但是，当房地产销售人员进一步询问其购买需求时，很多客户会用"我只是随便看看，暂时不考虑买房"之类的话来推脱。可见，客户在与房地产销售人员对话时，很多时候都是怀有戒备心理的，说出来的话并非自己真实的想法。所以，房地产销售人员要善于揣摩客户的心思，了解客户真正的需求。

☒ 应避免的错误

1."那好，如果您有什么问题就喊我一声。"

——这种应对方式过于被动，不试图寻找突破口，永远也不可能摸清楚客户的需求。

2."您不买房，来看什么？"

——客户所说的"只是随便看看"可能只是暂时不希望你多做介绍而找的借口，这句话却会让客户非常生气，对方可能永远也不会再将任何机会留给你了。

客户表示"我只是先看看，暂时不考虑买房"时，实际上是对我们提出的一种婉拒，原因很可能是我们还没有把握住其需求，所推介的楼盘优点无法让客户满意。不同的客户有不同的需求和购买动机，我们必须拉近自己与客户的关系，打开客户的心，了解客户的真实需求。

☑ 我们可以这样应对

客户："我只是随便看看，暂时不考虑买房。"

房地产销售人员："没关系，您真正了解我们的楼盘后，也许就会改变主意。以前也有不少像您一样只是来随便看看的客户，但了解了我们楼盘后就买了。"

客户："那你说说你们的楼盘好在哪里。"

房地产销售人员："……"

❖ 点评：客户的需求有时候是被引导出来的，客户说"随便看看，暂不考虑买房"可能只是不想被过多打扰的借口。如果你的楼盘很有吸引力，那么客户最终购买的可能性也是非常大的。

大讲堂 20

当客户侃侃而谈却只字不提买房事项时

有些客户很善谈，从古今中外到浩瀚宇宙，从家长里短到社会问题，什么都能聊，唯独对购房事项避而不谈。我们陪着笑脸认真听着，心里却十分着急，不知道该如何是好。

☒ 应避免的错误

1.（直接打断客户的话）"先生，我们还是来谈谈这几套房子吧……"

——这种直接打断客户谈话的做法十分不妥，不仅会影响客户继续交谈的热情，还会伤害客户的自尊心，使其心生不满。

2. 不耐烦、心不在焉或左顾右盼，或干脆开始和其他人聊天。

——这种做法也是不尊重客户的表现。换位思考一下，如果你满怀激情地谈论一些话题，对方却根本没在听你说话，甚至表现出不耐烦，你会高兴吗？

3. 等客户说完再开始说正题。

——这样做从表面上看是尊重客户，但会浪费你大量的时间，甚至客户聊到后面发现自己对房源还是没什么了解，也就失去了购房的兴趣。

在实际工作中，我们经常会遇到一些侃侃而谈的客户，他们喜欢与人打交道，十分健谈，表现欲通常也很强，只要遇到自己感兴趣的话题或聊得来的对象，就会海阔天空地说个不停，到最后往往会离题万里。这类客户对购房的问题避而不谈，可能有两个原因。

第一，客户可能对正在谈论的话题太感兴趣，以至于谈得太过投入，自己都忘了原来的谈话目的；

　　第二，客户故意侃侃而谈，借此向我们示威，想要用自己的好口才来"压制"我们，从而掌握谈判的主导权。

　　对于第一种情况，我们应学会把握谈话的节奏，控制好时间。在满足了客户的表达欲望后，我们可以利用客户停顿、休息或喝水的间隙，适时地拉回正题。

　　对于第二种情况，我们应该明白，客户是有意将不相干的话题作为挡箭牌，想让我们因为无法控制对话而自乱阵脚。在弄清楚客户的心理后，我们要避免浪费太多时间，但也不能用太生硬的方式直接将其打断，要在让对方感到满足、获得尊重的同时，及时地控制交谈时间和谈话内容，重新掌握主动权，再根据情况决定到底是重回正题还是结束对话。

☑ 我们可以这样应对 1

　　房地产销售人员："高级知识分子就是高级知识分子，见识果然不一般，跟您说话真是获益良多。您看，我听得太入迷，都忘了说正事，您觉得这套三居怎么样？"（切入正题）

　　❖ 点评：人都喜欢听好听的话。同样的内容，用不同的方式表达出来，结果就会截然不同。我们要学会用令人愉悦的方式来与客户交流。

☑ 我们可以这样应对 2

　　房地产销售人员："杨先生，您还是那么幽默风趣！跟您聊天，时间总过得那么快。待会儿公司还有个会议，我得先准备准备。希望下一次还能有机会和您聊。"（结束谈话）

　　❖ 点评：对于纯粹闲聊的客户，我们要学会把握节奏，适时婉转地喊停，这样才不会浪费过多的时间或被客户牵着鼻子走。

大讲堂 21

当客户不理会我们的询问时

提问是房地产销售人员在销售洽谈中经常使用的方法，它不仅可以让客户表达自己的想法，还可以增强互动交流。可以说，提问决定了房地产销售人员与客户谈话的方向，它也是房地产销售人员推进和促成交易的有效工具。可是，在与客户洽谈时，有些客户会对我们的询问不加理会，此时我们应该怎么办？

☒ 应避免的错误

1. 不管客户理不理会，一直问下去。

——这种处理方式不仅不会使客户的态度有任何改变，反而容易引起客户的厌烦。

2. 被客户无视了几次之后，就满腔怒火地离开。

——对待不同的客户就应该采用不同的方法，客户屡次无视你的提问，一定是你的接待方式出了问题。

3. "您什么都不说，我怎么可能知道您的要求呢？"

——这种质问等于把责任都推给了客户，只会令客户心生不满，客户很有可能直接离开。

客户对我们的询问不加理会，主要有以下两个原因。

（1）客户自身的性格。这类客户往往沉默寡言，不会轻易对房地产销售人员透露自己的意见与主张；或者他们有独立的见解，比较相信自己的看法和判断，不喜欢或不相信房地产销售人员的建议。

（2）有一些客户则是故意这样做的，表面上不理不睬，其实是想要在心理上给我们来个下马威，从而掌握主导权，好在之后的交谈中占据有利地位。

　　无论是何种情况，遇到这类客户时，我们绝对不能硬碰硬，而应采取迂回战术，放下当前的话题，先跟客户开开玩笑或聊聊天，用轻松的话题来激发客户与我们交谈的兴致，同时留心观察情况，在适当的时候转回正题。

☑ 我们可以这样应对

　　房地产销售人员："先生，您一定是做文化教育工作的吧？"

　　客户："哦？这话怎么说？"

　　房地产销售人员："我看您文质彬彬的样子，穿着打扮也很儒雅，一看就是高级知识分子。"

　　客户："呵呵，你还真会说话啊。"

　　❖ 点评：赞美是沟通的润滑剂，在应对沉默寡言的客户时赞美对方会有很好的效果。

大讲堂 22

当看房过程中有点冷场时

　　在售楼处的时候，经过我们精彩地推介，客户的情绪被调动起来了。可是，有些时候，我们会发现，带客户看房时，客户好像没刚才在售楼处时那么兴奋了。这是为什么呢？

☒ 应避免的错误

1. 没办法，该介绍的也已经介绍了。

——客户的兴奋度降低肯定会对销售造成影响，我们应想办法调动客户的情绪。

2. 这客户真是的，我又没惹他，爱咋样咋样……

——你这种态度会不自觉地体现在你的言行中，会让客户更加不高兴。

无论是带客户参观样板房、现房，还是工地现场，我们都要记住一点：千万不能让客户沉默，应该时刻让客户的情绪保持在准备购买的状态。要做到这一点，一个很简单的方法就是边走边说，让客户始终被你吸引。

其实，在日常生活中我们也经常会碰到这种情况。比如，你去商场购物，营业员用精彩的推介调动起你的购买欲望，你都准备掏钱买单了，这时恰好来了另外一位顾客，营业员暂时跑去接待那位客户了，你的耳根马上清静了很多，你有了时间去思考：这件衣服到底适不适合我呢？这么贵的衣服，值得买吗？等营业员回过头来招呼你时，你的购买欲望已经不那么强烈了。

除了边走边说，我们在带客户看房途中，还可以充分利用一些细节去博取客户的好感。最简单的做法就是在带客户看房途中及时提醒客户可能发生的安全隐患。比如，在引导客户转弯的时候，熟悉地形的我们知道在转弯处有一根柱子，这时就要提醒客户"前面有柱子，请小心"；如果客户带着小孩，我们就要时刻注意孩子的动向，看到车子过来要表示"小朋友，这边车子很多，我牵着你"……别小看这些微不足道的细节，很多时候就是这些小小的细节在无形中帮我们拉近了与客户的距离。

☑ 我们可以这样应对

房地产销售人员:"陈先生、陈太太,这幢正在建的楼就是我们将来的会所,休闲娱乐设施非常齐全。"

客户:"有健身房吗?"

房地产销售人员:"当然有了。陈太太,您一定经常锻炼吧?"

客户:"是啊,我平时经常去健身房锻炼,跳跳健美操之类的。"

房地产销售人员:"难怪您的体型那么标准。我们的会所有健身房,以后您锻炼就更加方便了。"

❖ **点评:**我们在带客户参观现场时,不要认为该介绍的都已经介绍过,就等客户下决定了;我们应当边走边说,维持销售氛围,保持客户的购买欲望。

大讲堂 23

当客户对我们的讲解好像没什么兴趣时

接待客户时,你热情地为客户讲解,积极地向客户推介,可是客户的反应却很冷淡,好像一点儿也不感兴趣。对此,你是否会感觉很沮丧,不知道是否该继续讲解下去,也不知道该如何讲解?

☒ 应避免的错误

1.算了,客户没兴趣就不说了。

——客户为什么会对你的讲解没有兴趣?不从自己身上找原因,却选择与客户赌气,这样怎么能提升业绩呢?

2. 继续按自己设定的一套模式继续讲解下去。

——客户都表现出没有兴趣了，你再继续这么讲解下去，只能让客户感觉更乏味，根本吸引不了客户。

3. 自己说起来滔滔不绝，很少注意客户的反应，没有同客户进行互动。

——毫无互动、自说自话是销售过程中的大忌，这样的房地产销售人员跟复读机有什么区别？

为什么客户会对我们的推介没有兴趣？主要原因就在于我们的推介没有抓住客户的关注点，没有引起客户的共鸣。

推销有这样一个基本原则：与其对一个产品的全部特点进行冗长的陈述，不如集中介绍客户最关心的问题。每个楼盘都有诸多卖点，我们在向客户推介时不必面面俱到，只要抓住客户最感兴趣、最关心的地方重点介绍就可以了。

汤姆·霍普金斯说过："只卖客户想要的房子，而不卖自己想卖的房子。"在向客户展示楼盘卖点之前，我们还必须了解客户的需求，明确哪些卖点对客户有用，这样才能有的放矢地进行推介。

☑ 我们可以这样应对

房地产销售人员："我们小区总占地面积是 4.9 万平方米，总建筑面积是 7.4 万平方米，它由 8 栋别墅、6 栋高层以及 11 栋小高层组成，共计 25 栋楼。整个小区采用的是地中海式建筑风格，绿化率高达 41%。我们还充分利用地形的优势加以创新，设计了多处景观广场，像日光水岸、月光水岸和御龙广场等，达到了一步一景、处处景观的效果。户型面积从 41 ~ 190 平方米不等，得房率高达 83%。相信无论您喜欢什么户型，在这里总能选出适合您的房子。"

（客户对房地产销售人员的介绍没有什么反应）

房地产销售人员："王先生，通过我刚才的介绍，您对我们这个楼盘也有了初步的了解。有什么不清楚或不明白的地方，您可以说出来，我们一起探讨。"

客户："别的还好，就是感觉这地段不是很好。"

房地产销售人员："您是觉得太偏僻了，还是有其他想法呢？"

客户："你看这附近什么都没有，感觉挺荒凉的。"

房地产销售人员："王先生，这个您不用担心，虽然现在什么都没有，但是，您看对面正在建的就是万达商业广场，附近还有两个楼盘在建，过不了两年，这里就非常繁华了。"

客户："哦，那会有大一些的超市吗？"

……

❖ 点评：房地产销售人员的介绍一定要分段，不能一口气讲一大篇，否则客户很难抓到你的重点，你也不容易抓住客户的关注点。房地产销售人员在介绍过程中一定要与客户多些互动，多些交谈，引导客户发问。这样做有助于明确客户的顾虑，并有针对性地予以解决。

大讲堂 24

当客户面对我们的推介有点心不在焉时

有时候，我们在认真地为客户做介绍，但客户却心不在焉，也不知道到底有没有在听。遇到这种情况时，我们如何做才能吸引客户的注意力呢？

☒ 应避免的错误

1.既然客户对我们的楼盘不感兴趣,那就算了。

——导致客户心不在焉的原因有很多,并不一定是对我们的楼盘没有兴趣,可能只是我们没激发他的兴趣而已,不要动不动就把责任归结在客户身上。

2."先生,您到底有没有在听我说?"

——这么问客户,肯定会让客户生气,交流定会失败。

在推介项目时,如果客户心不在焉,排除客户自身的因素(如时间紧、被其他事情分神等),很可能是因为房地产销售人员的推介太乏味,无法引起客户的兴趣。因此,我们要及时调整自己的推介方式,以吸引客户的注意力。

☑ 我们可以这样应对 1

客户:"小区环境是挺好,可是也太贵了点。"

房地产销售人员:"杨姐,您的儿子这么孝顺,您就好好地享受生活吧。我到过××小区(客户现在所居住的小区),那里的生活配套很不齐备,并且人员也比较复杂,生活一定很不方便吧?假如您住在这里,那就完全不一样了。老人家都喜欢晨练,您一起床就可以下楼来和邻居大爷大妈们一起呼吸新鲜空气、打打太极拳什么的;然后回家吃个早饭,又可以到我们的会所去打牌聊天,或者到中庭花园去逛逛,赏赏花、看看小鱼;闲着没事儿时,还可以到附近走走,走出大门300多米,就是个菜市场,想吃什么就买什么,既干净又方便,再也不用像以前一样挤公交车去买菜了。这样的生活多惬意,您的儿女也才会放心啊!"

❖ 点评:客户心不在焉时,房地产销售人员要及时地探明客户的顾虑,这样才能对症下药。对未来生活的描述可以让客户产生一种身临其境的感受，从而使你的推介更有说服力。

☑ 我们可以这样应对 2

客户："这附近生活方便吗？"

房地产销售人员："刘先生，这里生活是非常便利的。您看，要购物有大润发、沃尔玛、乐购商场，要看电影有影视城。而我们小区的内部配套也非常齐全，我们的会所里面有羽毛球馆、健身房等。刘先生，您不是喜欢运动吗？这下可方便了，周末的时候您可以约上朋友到小区的羽毛球馆打打球，您太太可以到健身会所练瑜伽。别人运动都要跑好远，你们在家门口就可以达到锻炼目的，多舒服啊！"

❖ 点评：一个楼盘的优势可能有很多，但只有当把这些优势与客户所能得到的切身利益结合在一起时，才能激发客户的购买热情。

大讲堂 25

当讲解了半天客户还是不清楚楼盘好在哪儿时

很多时候，楼盘各方面条件都不错，客户听我们讲解了半天却表示看不出有什么好……听了这话，是不是让人很沮丧？

☒ 应避免的错误

1．"不会吧，我说了那么多，您竟然一句也没听进去？"

——这样说相当于一下子就把责任归结于客户，客户不生气才怪呢。遇到问题一定要先从自己身上找原因，而不是从客户身上找原因。

2. 再向客户做一次讲解。

——客户是因为刚刚没注意听才不知道楼盘好在哪儿吗？如果不是，那么即使你再向客户讲10遍，客户还是不明白。

客户在购房时，可能会走访多个楼盘，进行多方面的比较。因此，我们应重点向客户推介自己楼盘特有的东西，也就是楼盘自身的卖点。在推介卖点时，应将其转化为客户自身的利益。FAB介绍法能帮助我们有效地做到这一点。

1. "FAB"是什么

FAB介绍法也称利益推销法，是进行产品介绍时常用的一种方法，即按一定的逻辑顺序将所推销产品的特征、优点转化为它可以带给客户的某种利益，充分展示产品最吸引客户的那一方面。

（1）特性

产品的特性（F）是指产品的独特之处，也就是其他产品所不具有的某种优势。每一种产品都有它的特性，关键是你从哪个角度去发现它。

具体到房地产行业来说，我们可以将地段作为卖点、将园林景观作为卖点、将智能化作为卖点、将良好的物业管理作为卖点、将独特的建筑外立面作为卖点、将开发商的品牌作为卖点等。

（2）优点

产品的优点（A）是指产品的特性所表现出来的直接功能效果，也就是从产品特性衍生出来的优势。

例如，将地段作为卖点，其优点就是地理位置佳、交通便利；将园林景观作为卖点，其优点就是空气清新、生活环境优美；将智能化作为卖点，其优点就是安全、便捷；将优良的物业管理作为卖点，其优点就是全方位的生活服务等。

（3）利益

产品的利益（B）是针对消费者而言的，就是产品的特性所能满足客户的某种特殊需求，或者产品的特性、优点能使客户享受到的某种好处。

例如，将园林景观作为卖点，其给予客户的利益就是让客户生活在一个优美的环境中，可以保持身心健康。

2."FAB"句式的运用

特性、优点和利益在产品介绍过程中形成的是一种因果关系，所以我们一般使用"因为……所以……对您而言……"这样的标准句式。

特性：因为……

优点：所以……

利益：对您而言……

（1）"因为……"

"因为……"这一句说的是产品的特性，它回答了产品"是什么""具有什么特点"的问题。例如，"因为它采用的是转换层结构……"

（2）"所以……"

"所以……"这一句介绍了产品的优点，解释了产品的特性能做到什么。例如，"因为它采用的是转换层结构，所以每一户都是隐梁隐柱，房间里看不见任何梁和柱……"

（3）"对您而言……"

"对您而言……"这一句是告诉客户他们购买该产品所能得到的利益。例如，"因为它采用的是转换层结构，所以每一户都是隐梁隐柱，房间里看不见任何梁和柱，（对您而言）既美观又实用，而且得房率还高。"

运用 FAB 介绍法，不但能让你的项目介绍更为顺畅有条理，而且还可以使客户充分感受到楼盘的特性所能带给他的好处，让客户从心里认为这个楼盘适合他。

☑ 我们可以这样应对

房地产销售人员："王先生，您是第一次来吧？"

客户："是的。"

房地产销售人员："那我先给您介绍一下我们项目的总体情况吧。"

客户："好的。"

房地产销售人员："王先生，您刚刚说去苏州旅游了一趟回来，不知道您对苏州园林感觉如何？"

客户："挺漂亮的，生活在那里真是不错。可惜，咱们这儿的小区环境都太单调了，缺少一些生活情趣。"

房地产销售人员："那您来我们这里就来对了。我们这里的园林景观就是以苏州园林为标准进行设计的。"

（展示项目的特性——苏州园林特色的景观设计。）

客户："哦，真的吗？"

房地产销售人员："是的。我们公司特地聘请了 ×× 景观设计公司做的景观设计，其风格与苏州园林极为相似。我带您看看我们的园林景观效果图。"

客户："好的。"

房地产销售人员："我们的园林景观设计充分运用了点、线、面相结合的设计手法。点就是这些布置于楼间的小型水景，如流水槽、小涌泉等，形式各异；线就是贯穿于住宅区南北的狭长水系，蜿蜒曲折；面是指位于绿地中央的开阔型水面，它紧邻中心活动广场，周围种植了桃柳和莲花等植物，一派江南风光。"

（说明园林景观设计的独到之处，也就是优点。）

客户："嗯，还真有点江南风味。"

房地产销售人员："是啊，居住环境的好坏对我们的身心健康影响太大了。如果您买了这里的房子，就不用经常跑到苏州去旅游度假了。生活在这样一个充满灵气、到处鸟语花香的环境中，您想不快乐都不行啊。"

（说明园林景观设计带给客户的利益。）

❖ 点评：楼盘的优势再多，能够吸引客户注意力、激发客户购买欲的，也只有那些与客户切身利益有关的方面。房地产销售人员在推介时不用面面俱到，但一定要契合客户的需求。

大讲堂 26
当客户总是听不懂我们的介绍时

有些客户对房地产一窍不通，总是听不懂我们的介绍，尤其是一些老年客户更是如此。在接待这种客户时，我们到底该如何解说才能让他们听得懂呢？

❌ 应避免的错误

1. 他听不懂是他的事，反正我该介绍的已经介绍了。

——客户听不懂，你介绍得再多也没用。甚至有些客户会认为你只是在卖弄自己的专业，因而心生不满。

2. "不会吧，连这么简单的问题你都不懂？"

——客户听了这样的话，第一反应就是你在嘲笑他什么都不懂。你嘲笑了客户，客户还会找你买房吗？

3. 他既然听不懂，我就不用多介绍了。

——听不懂，很可能是你说话的方式不对。你不多介绍，客户怎么可能会产生购买兴趣呢？

一件事情，如果能用通俗易懂的语言表达，就不需要用满口的行话或专业术语来表现自己的专业。事实上，当客户听不懂我们的话时，他不但不会觉得我们专业，反而会认为我们是在卖弄自己。

因此，在进行项目介绍时，我们要学会"对不同的人说不同的话"。如果对方也是专业人士，那么我们可以用专业术语表达，以此来显示我们的专业性，让客户更加信赖我们；如果对方只是普通的购房者，那么我们就要尽量使用一些简单易懂的词语或更为形象的词去代替那些难懂的专业术语，让客户听得更加明白。

☑ 我们可以这样应对

房地产销售人员："大姐，我们的房子公摊非常小，得房率高达82%呢……"

客户："等会等会，什么是得房率啊？"

房地产销售人员："大姐，得房率是指可供住户支配的面积（也就是套内建筑面积）与每户建筑面积（也就是销售面积）的比例。得房率越高，意味着公摊面积越少。很多时候，两套房子的建筑面积虽然相同，但有的会让人感觉很大，有的却让人感觉根本没有那么大的面积。这是为什么呢？就是因为我们买房的时候是以建筑面积计算的，而建筑面积包括套内建筑面积和公摊面积。公摊面积越大，套内建筑面积就越小；公摊面积越小，套内建筑面积就越大。"

❖ 点评：作为房地产销售人员，发现客户对一些专业术语完全不懂时，就应该及时地调整自己的推介方式，多说一些通俗易懂的话，务必使客户听得清楚明白。

大讲堂 27

当客户总是拿其他楼盘做对比时

货比三家是一种正常的消费心态。在购房时，客户总是会将其他楼盘搬出来进行对比，这种做法表面看起来是给销售造成了障碍，但实际上只要我们能妥善应对，反而可以让竞争对手助我们一臂之力。

☒ 应避免的错误

1. 给客户全面分析比较各个楼盘的优劣势。

——分析比较是有必要的，不过要注意如何在比较中突出自身楼盘的优势，淡化自身楼盘的劣势。

2. 攻击其他楼盘。

——攻击其他楼盘，不但不会让客户觉得你的楼盘好，反而会让客户失去对你的信任。

在购房过程中，客户往往会货比三家，这种情况是不可避免的，所以回避不是办法。况且，利用对比，我们还可以将自己楼盘的优势体现出来，更好地打动客户。

在进行对比的时候，我们不能以贬低竞争对手的方式来抬高自己。为了达到销售的目的而攻击竞争对手是一种不正当的销售行为，这样做会影响我们的专业形象，甚至引起客户的反感。

真相是掩藏不住的，客户的眼睛是雪亮的，恶意攻击、贬低竞争对手并不能抬高我们的身价，反而表明了我们对竞争对手的嫉妒和害怕。即使客户暂时相信了我们的话，但一旦发现事情的真相并非如我们所说的那样，他们就会对我们的人品表示怀疑，失去对我们的信任和信心。

因此，当客户拿竞争对手做对比时，我们最好保持客观公正的态度去评价竞争对手，既不隐藏其优势也不夸大其缺点，让客户从我们的评价中既可以了解相关信息，也可以感受到我们的素质和修养。

☑ 我们可以这样应对

客户："我去看过××项目，他们的公摊面积比你们低得多啊。"

房地产销售人员："王先生，您说得没错，他们很多户型的公摊面积是比我们低。的确，有些购房者会认为公摊面积高不好，等于多花了一部分钱去买自己用不到的面积。其实，公摊面积关系到未来的居住品质。像您说的××项目，他们之所以公摊面积低，首先是因为他们除了三幢小高层外，其他都是多层建筑。我们都知道，多层的公摊面积肯定比较低，因为这种建筑没有电梯。此外，您再看看他们的大堂，是不是和我们的相比要差了一个档次？"

❖ 点评：贬低竞争对手的做法永远不可能抬高自己，只会让客户认为你是在恶意诋毁。但如果你通过比较双方的优劣势，将"人无我有，人有我优"的楼盘优势呈现在客户面前，就会让客户对项目有更深刻的认识。

大讲堂 28
当客户对我们的话总是抱有怀疑态度时

有些时候，即使我们说的是实话，客户也会抱着怀疑的态度，对我们不信任。我们该怎样做才能赢得客户的信任呢？

☒ 应避免的错误

1. 爱信不信，反正我说的都是真的。

——如果客户不相信，即使你说的再真也没用。

2. "我以人格担保，我说的绝对是真的"。

——仅凭一句担保，就能让客户相信吗？

3. "您怎么那么不相信人呢？"

——客户凭什么要相信你？

有些时候，即使我们说得天花乱坠，即使我们拍着胸脯担保，客户心里还是会有所疑虑。这也难怪，每个楼盘的房地产销售人员都说自己的楼盘好，可是谁又能证明它真的有你说的那么好呢？

法官断案需要讲究证据，而不能光凭几句口头之言。要让客户真正信任我们，我们最好能够提供一些有力的证据，用事实和证据来证明我们所说的的确是真实的。

1. 出示证明

在销售过程中，大多数房地产销售人员都会说自己的楼盘好，而不会说自己的楼盘不好。问题是每个人都说自己的楼盘好，那客户该相信哪一个呢？这时候，客户通常会使出最后一招：你们说好，那就拿出证据来！

所有可以用来证明我们所宣传的产品特性、优势、利益等方面真实性的东西，都可以成为我们的证明材料。例如，专业部门、认证部门颁发的认证书、质检书，书报杂志等出版物上与楼盘有关的正面报道等。

这些证明材料可以说是我们的"销售小帮手"。为了使其真正发挥"帮手"的作用，所有材料必须满足客观性、权威性、可靠性、可证实性、可第三方获得性等一流证据的必要条件。这里需要注意两点。

第一，千万不要弄巧成拙、节外生枝，若因材料的可靠性问题导致客户对我们产生怀疑和不信任，就实在太冤枉了。

第二，平时我们就要多收集这些资料，并根据自己的情况来设计和制作销售工具，不能临时抱佛脚。

2. 引用例证

实证比巧言更具有说服力，用事实证明一个道理比用道理去论述一件事情往往更能令人信服。当客户对我们的观点或说法有所怀疑时，我们与其拍着胸脯、拿着人格做担保，不如举一个相关的例子去证明。例如：

"××小区就是我们开发的，相信您也听说过……"

"前几天××大学团购了我们8号楼的十几套房子……"

"昨天有位客户一次性买了我们五个店面……"

需要注意的是，我们所引用的例证必须是真人真事，而不能信口开河、胡编乱造。否则，一旦客户发现实情，就会觉得我们是在欺骗他，以后也不再信任我们了。

☑ 我们可以这样应对 1

客户："这里真的可以入读实验小学吗？"

房地产销售人员："是的，我的一位客户买的是第一期，现在已经交房入住了，在3号楼1206，他的小孩今年刚入学，读实验小学1年级5班。"

❖ 点评："耳听是虚，眼见为实"，比起房地产销售人员的口若悬河，客户更愿意相信自己眼睛看到的。具体的事例可以印证你所言不虚，从而坚定客户的购买信心。

☑ 我们可以这样应对 2

客户："区政府真的要搬到这边来？"

房地产销售人员："刘姐，我是不会欺骗您的。您看，这是昨天的报纸，上面明确说明了该区域的详细规划。"

❖ **点评**：对于尚未发生的事情，客户心存疑虑是情理之中的事情，此时报纸或相关媒体的报道会更具说服力。

大讲堂 29

当客户说话模棱两可时

在和客户沟通的时候，有些客户说话可能模棱两可，导致我们不太明白他说的是什么意思。再问吧，怕客户不耐烦；不问吧，又担心理解错了客户的意思。这时我们该怎么办呢？

☒ 应避免的错误

1. 算了，不明白就不明白，不理会他这个话题了。

——如果客户所说的这些内容很重要，那么客户就会觉得你心不在焉，对他不够尊重。

2. 直截了当地问清楚客户说的到底是什么意思。

——问清楚是必要的，但如果不注意方式方法，很可能会引发客户的不快，觉得你没认真听他说话。

每个人的经历、天赋不一样，因此，我们对同一件事的看法、观点常常不一样。现实生活中，我们总是喜欢用自己的假设去代替客户的假设，用我们自己的意图去解读客户的意图，最后造成了很多沟通中的误会。例如：

客户："我感觉不是很满意，这地方还是有点……"

房地产销售人员："您放心，边上这个地方已经规划好了，准备建一个商业广场，到时候可热闹了。"

客户："对不起，我就是觉得它还不够安静，将来建了商业广场就更闹了，我还是喜欢居住的地方安静点！"

要消除误会，关键在于发问。在我们房地产销售人员的字典中有一句非常珍贵、价值无穷的话，那就是"为什么"。房地产销售人员可不要轻易放弃这个利器，也不要过于自信，认为自己能猜出客户为什么会这样或为什么会那样，还是让客户自己说出来更为妥当。

通过询问，我们可以进一步了解客户，获得更多的客户信息，为进一步推销奠定基础。当我们问客户"为什么"的时候，客户必然会做出以下反应：

（1）他必须回答自己提出反对意见的理由，说出自己内心的想法；

（2）他必须再次检视他提出的反对意见是否妥当。

此时，我们能听到客户真实的反对原因，并明确地把握住客户所反对的项目，就能有较多的时间去思考如何处理客户的反对意见。

☑ 我们可以这样应对

客户："我觉得这个价格还是贵了点。"

房地产销售人员："请问您怎么会这么认为呢？"

客户："我看过 × × 项目的一套房子，它一平方米才卖 56000 元。"

房地产销售人员："王小姐，您的这个包最少要上万元吧？"

客户："我这包 18000 元买的。"

房地产销售人员："那就对了，王小姐，这个品牌的包之所以要比普通包贵，就是因为它有这个价值，不能拿它和普通的包相比较。同样，我们这个楼盘的社区环境、服务和配套，相信您也看到了，××项目是不是没法和我们比？"

❖ 点评：客户在表达自己意思的时候，可能会采用一些模糊的代词。我们并不能马上知道客户所指的是什么，因为我们不清楚客户采用的参照物是什么。这时，我们需要提出有针对性的问题以消除双方沟通中的障碍，这样才能更好地满足客户的需求。

大讲堂 30

当楼盘存在某些明显缺陷不知该不该提时

十全十美的楼盘是不存在的，任何楼盘都或多或少地存在一些不足之处，甚至有些缺陷还很明显。在这种情况下，我们是该对客户实话实说还是避而不谈呢？

☒ 应避免的错误

1. 光说优点，不谈缺点。

——对于一些楼盘明显存在的缺陷，即使你什么都不说，客户也很快就能发现，到时就会觉得你不够诚实，降低对你的信任度。

2. 实话实说，让客户自己选择判断。

——实话实说是诚实，可是话要巧说，否则只能降低客户对楼盘的兴趣度。毕竟谁也不想买一套存在缺陷的房子。

在售楼的时候，有些房地产销售人员为了提升销售业绩，会极力夸大楼盘的优点，对它的一些缺点避而不谈，甚至想"瞒天过海"欺骗客户，编造一些并不存在的优点。

要知道，世界上没有不透风的墙，真相是藏不住的。如果客户对房子有一些了解，或本身就是一名房地产专业人士，一旦发现我们介绍中的漏洞，就会对我们的服务态度和职业道德产生怀疑，甚至转头就走。

的确，在售楼过程中如实说出楼盘的优缺点，有助于我们获得客户的信任，但在这里需要强调的是说实话也需要讲究技巧。我们在主动提及不足之处时，必须采用正确的方式，要学会"避重就轻"。

这里所说的"避重就轻"，并不是要我们去刻意隐瞒楼盘的缺陷或过分夸大楼盘的优点，而是要学会采用"负正法"来消除我们的劣势。

负正法

先说缺点再说优点等于优点，先说优点再说缺点等于缺点。即：

优点→缺点 = 缺点

缺点→优点 = 优点

我们来比较一下，看看下面哪种方法对我们的销售更有利：

说法 1：虽然这套房子有点贵，但是赠送了 15 平方米的入户花园，相当于这套户型的实际面积达到了 108 平方米。

说法 2：这套房子赠送了 15 平方米的入户花园，实际面积达到了 108 平方米，所以会有点贵。

很显然，大多数人更愿意接受第一种说法。这是为什么呢？

心理学家认为，在听话的过程中，人们更容易注意"但是"后面的内容。如果先说缺点再说优点，那么缺点会被缩小，反之则会被放大。因此，在介绍楼盘时，我们需要记住：先说缺点再说优点等于优点，先说优点再说缺点等于缺点。

☑ 我们可以这样应对

房地产销售人员："王先生，这套房子虽然面积小了一点，但日照、通风条件都很好，冬暖夏凉，非常适合居住。"

客户："嗯，光线确实很好。前几天去看了另一个楼盘的一套房子，明明晒不到太阳，房地产销售人员还一直说光照完全没问题。"

❖ 点评：先说缺点（面积小），再说优点（日照、通风好），客户记住的更多的是优点。

大讲堂 31

当客户提出的楼盘不足之处确实存在时

对于楼盘存在的一些不足之处，有时候我们还没说，反而是客户自己先提出来了，这时候该怎么办呢？承认这些不足吧，担心客户会取消购买；不承认吧，又担心客户会说我们不够诚实……

☒ 应避免的错误

1．"没办法，没有哪个楼盘是十全十美的。"

——话是没错，但你这样回答等于强化了客户对楼盘不足之处的印象，从而对客户的购买决策造成负面影响。

2. 与客户争辩，不能让客户觉得这些缺陷确实存在。

——既然这些不足之处确实存在，你还与客户狡辩，只会让客户对你的诚信产生怀疑，而不会改变客户的看法。

当客户提出的异议有事实依据时，你不能强行否认，这是不明智的举动。明智的做法是先肯定确实存在的缺点，然后淡化处理，利用楼盘的其他优点来抵消这些缺点。也就是让客户觉得：楼盘的优点对他来说是重要的，楼盘的缺点对其而言是相对较不重要的，楼盘的售价和价值是一致的。

☑ 我们可以这样应对 1

客户："书房小了点。"

房地产销售人员："是的，刘姐，这书房确实不是很大。因为这是一套小三居，如果书房的面积过大，就只能牺牲客厅和主卧的面积了。"

❖ 点评：客户指出的缺点如果确实存在，房地产销售人员没有必要刻意掩饰。相反，对客户看法表示赞同可以让客户放松警惕，从而使你之后的推介更容易被客户接受。

☑ 我们可以这样应对 2

客户："别的还行，就是朝西不太好。"

房地产销售人员："嗯，刘姐，朝西确实没有朝南好。如果是朝南，每平方米最少要贵几千元，总价就要多几十万了。"

❖ 点评：世界上没有十全十美的事物，只要让客户在所能得到的实际利益和所要付出的代价之间找到平衡，你的建议就会自然而然地被客户接受了。

大讲堂 32

当客户提出的意见或看法存在错误时

客户在购房时为了获取更多的优惠或使自己在谈判时占据有利的地位，通常也会运用一定的技巧。在与客户沟通时，我们经常发现有些客户会有意无意地提出一些楼盘本身不存在的缺陷。面对客户的这些"不实之言"，我们该如何应对呢？

☒ 应避免的错误

1. 直接反驳客户。

❖ 点评：除非是对楼盘销售或客户购买决策有重大影响的"不实之言"，否则不要直接反驳客户，那样会让客户感觉没面子，甚至会激怒客户。

2. 对客户的错误意见或看法不予理睬。

❖ 点评：即使客户提出的意见或看法是不对的，你也不能不予理睬，否则就等于是默认了客户的错误意见或看法。

当客户提出的意见或看法存在错误的时候，我们应该根据不同的情况，运用不同的方法进行处理。

1. 间接否认法

所谓"间接否认法"，是指在客户提出异议后，我们先给予肯定，然后再说出自己的观点或意见，以避免和客户发生正面冲突。

当自己的意见被别人直接反驳时，人们的内心总是不痛快的，甚至会被激怒。所以，屡次正面反驳客户，就算我们说的都对，也没有恶意，还是会引起客户的反感。

间接否认法通常采用"是的……如果……"的句式，用"是的"表示肯定客户的意见，用"如果"表达另一种假设（即说出你自己的观点）。

请比较下面的两种说法，感觉是否有区别。

A："您根本不了解我的意思，因为状况是这样的……"

B："平心而论，在一般情况下，您说得都非常正确。如果情况变成现在这样，您看我们是不是应该……"

A："您的想法不正确，因为……"

B："您有这样的想法非常正常，当我第一次听到时，我的想法和您完全一样，可是如果我们做进一步的了解后，就会发现……"

学会用 B 的方式来表达不同的意见，我们将受益无穷。

2. 直接反驳法

所谓"直接反驳法"，是指当客户提出异议时，房地产销售人员直截了当地予以否定和纠正。如果运用得当，直接反驳可以给客户一个简单明了、不容置疑的解答，增强客户的购买信心。

按照常理，在售楼活动中直接反驳客户的异议是不明智的，因为直接反驳客户容易引起争辩，可能会给销售造成障碍，甚至会因激怒客户而导致销售失败。因此，直接反驳法仅用于客户提出的反对意见明显不正确的情况下。例如，客户对企业的服务、诚信有所怀疑或客户引用的资料不正确等。

我们在运用直接反驳法时必须注意以下几点。

（1）不可滥用。直接反驳法只适用于处理因为客户误解、成见、信息不足而引起的有效异议，不适用于处理无关与无效异议，也不适用于处理因情绪或性格问题引发的异议。

（2）态度友好。为了避免触怒客户或引起客户的不快，我们在反驳客户时应始终保持友好诚恳的态度，面带微笑，注意语言技巧和选词用语。

（3）有理有据。用以反驳客户异议的根据必须是合理的、科学的，而且是有据可查、有证可见的，依靠事实与逻辑的力量说服客户。

☑ **我们可以这样应对 1**

　　客户："这个位置太偏了。"

　　房地产销售人员："是的，这个位置确实相对偏一些。如果不是因为位置偏，也不会有这么优惠的价格。您看昨天开盘的××花园，位置很好，不过价格比这里高了将近30%。"

　　❖ 点评：房地产销售人员对客户的看法表示认同可以拉近与客户之间的心理距离，而比较法的运用则可以帮助客户找到心理上的平衡，有助于双方更有效地进行交流和沟通。

☑ **我们可以这样应对 2**

　　客户："这个开发商的实力好像不怎么样，会不会成为烂尾楼啊！"

　　房地产销售人员："不知道刘先生为什么会这么认为？我们楼盘的开发商是上市公司，股票代码是××××，公司在上海、南京、杭州等十几个城市都开发过项目，如上海的××花园、南京的××花园，您可以在网上查询一下。"

　　❖ 点评：直接否定客户的观点时一定要注意语气，同时还要提供足以让客户信服的证据。

大讲堂 33

当客户总是态度不好时

　　有些客户在与房地产销售人员交谈时，尤其是在提出异议的过程中总是脾气暴躁，横挑鼻子竖挑眼，甚至态度恶劣。面对这样的客户，我们要如何处理呢？

☒ 应避免的错误

1. 与客户针锋相对，绝不退让。

❖ 点评：这样做势必会引起争吵。作为房地产销售人员，你与客户争吵，得到好处的永远不可能是你。

2. 直接放弃，不再接待这位客户。

❖ 点评：轻易放弃一位客户，等于轻易放弃了一次销售机会。

在销售过程中，经常会出现磕磕碰碰的情况。有一句销售行话说得好："占争论的便宜越多，吃销售的亏越大"。不管客户如何批评，我们都不能与客户争辩，因为争辩不是说服客户的好方法。与客户争辩，失败的永远是我们房地产销售人员。聪明的房地产销售人员往往善于给客户一个"台阶"，让对方恢复心理平衡，这样既能赢得客户赞赏，也平息了双方的矛盾。

☑ 我们可以这样应对

客户："没搞错吧，连个会所都没有还敢自称高档住宅？你们这些房地产销售人员真是喜欢胡说八道。"

房地产销售人员："杨总，您说得也有一定的道理，很多楼盘确实是靠会所来提升自己的档次的。但是，我们楼盘最大的卖点是地段，出则繁华，入则幽静，不但生活便利，而且闹中取静。杨总，您觉得呢？"

客户："那倒也是。"

❖ 点评：面对客户的质疑，房地产销售人员首先应该表示对客户的认可，因为这个时候争论是否是高档住宅根本没有任何意义。与此同时，再次将楼盘的最大卖点传达给客户，可以成功地转移客户的注意力。

第三章

巧妙应对客户的抱怨

大讲堂 34

当客户抱怨"买期房风险太大"时

在购买期房时，购房者心里多少会有些担心，害怕自己买到的楼会变成烂尾楼、开发商会不会后期改规划等。如果客户有这种心理，房地产销售人员该如何引导呢？

☒ 应避免的错误

1."放心吧，现在卖的基本上都是期房，有几个出问题的？"

——不怕一万，就怕万一，这样的回答并不能消除客户的疑虑。

2."您这么说，是不相信我们了？"

——客户本身就信心不足，房地产销售人员这么说会让客户变得更担心。

3."放心吧，我们是大开发商，绝对不会有问题的。"

——没有拿出具体有力的证据来证明自己，客户凭什么相信你？

当客户对购买期房产生顾虑时，房地产销售人员首先要通过举例或拿出有力证据来证明自己的实力，取得客户的信任；其次，要向客户分析期房的优点，让客户明白购买期房所能得到的各种好处，消除其不安情绪。

购买期房具有如下优点。

1. 价格低

开发商之所以以期房的形式出售房屋，一个最主要的目的就是快速募集资金。房地产开发周期较长（通常情况下，一个楼盘的开发需要两年以上的时间），为了快速回笼资金，开发商一般会采取"低开高走"的价格策略，在期房销售期间给予消费者较大的优惠。通常情况下，同一项目期房价格相对现房一般要优惠10%～20%，这也是新楼盘开盘时总是人气比较旺的原因之一。

2. 设计先进

在规划设计上，期房通常具有较大的优势。由于建设时间不同，期房的规划设计理念会与目前的市场流行趋势更为接近。此外，为了促进销售，有些开发商还会推出可按客户自己的设想改变房型格局的方案。

3. 选择余地大

人们通常会发现，去一个已经建好的现房项目买房时，那些楼层好、朝向好、户型结构好、景观视野好的房子基本上都已经"名花有主"了，余下的多是或多或少有些缺陷的房型。相比现房，期房的选择余地较大，有利于客户抢占先机，优先选择综合品质较好的房子。

4. 升值潜力大

从期房到现房，价格通常会有一个较大的提升。也就是说，期房的升值潜力更大。如果眼光好些，多了解一下市政和道路规划，在一些尚未形成规模的地带购买期房，升值空间就更为明显。

5. 质量好控制

对于期房，由于尚处在建设阶段，购房者更容易发现质量问题，尤其是墙体、地板、隐蔽电路等建好以后不易看到的地方。

☑ 我们可以这样应对 1

客户："你们还没竣工，等建好了，我再买吧。"

房地产销售人员："张小姐，即使今天您看的是现房，有可能同样会不满意。"

客户："哦，为什么？"

房地产销售人员："您可知道，一个楼盘从规划施工到建成要几年吗？根据楼盘大小和开发商的实力，通常需要两三年。如果您现在看到的是现房，那设计肯定是几年前的。现在的房地产市场发展那么快，几年前设计的房型、户型都过时了，肯定不如期房设计新颖。比如说外飘窗、无烟灶台、集中烟道等，目前市场上的现房几乎无一采用，但我们都用上了。还有，如果等到看得见房子时，价格肯定不会跟现在一样了，中间至少有20%的差价。而且，我们是国内知名开发商，实力雄厚，我们对质量和工期的重视程度肯定超过您，因为这点关系到公司的信誉和能否赢利。"

客户："嗯，说得也是。"

❖ **点评**：买期房不像买现房那样可以看得到房子的现实状况，客户有这样或那样的担忧也是完全可以理解的。这个时候，房地产销售人员就应该提供一些硬性的保证给客户，让他能够安安稳稳地将心放进肚子里。

☑ 我们可以这样应对 2

客户："你们能按时交房吗？"

房地产销售人员："张小姐，我能理解您的担心。其实，能不能按时交房的关键在于资金是否有保证，能否按时到位。现在的开发商一般都是自筹一部分资金，其余的向银行贷款。如果销售状况不好，资金就没有保障，那么就建不起来。但我们的现状就是开发与销售同步进行，我们的销售情况良好，房子怎么会建不起来呢？何况，我们确定交房时间的时候也考虑了一些不可预测的因素。如果不考虑这些因素，我们的交房时间将会更短，这不就是充分为客户考虑好了吗？再说，我们是全国知名开发商，不是只开发这么一个项目，目前在建的项目就有七八个，北京、上海都有。如果这个项目没做好，别的项目能不受影响吗？"

> ❖ 点评：面对客户"能不能按时交房"的疑问，单纯一句"能"不可能消除客户的疑虑。房地产销售人员可以通过具体分析，让客户了解到开发商信誉良好、资金流顺畅等，从而打消客户的顾虑。

大讲堂 35

当客户抱怨"一般吧，不怎么样"时

当房地产销售人员询问客户"您觉得这套房子怎么样"时，有些客户可能就会直截了当地说"一般吧，不怎么样"。对于这类异议，房地产销售人员该如何应对呢？

☒ 应避免的错误

1."不会吧？这么好的房子还算一般？"

——这样反问会让客户听起来非常不舒服。你觉得好，客户就一定觉得好吗？客户说出自己的意见有什么错？

2."好吧，要不我们再去看看另一套？"

——客户是真的不喜欢这套房子吗？客户是因为什么不喜欢？没搞明白这些问题就带客户去看其他房子，基本也是白费精力。房地产销售人员不了解客户的具体需求，就无法引导客户，更无法说服客户。

3. 既然客户不喜欢，那就不勉强了。

——没有几个客户会直接告诉你"这套很好，就这套了"。要知道，是你在做销售，而不是客户在做销售。

客户异议分为真异议和假异议。真异议是指客户提出的异议是他内心的真实想法或真实反对的原因；假异议是指客户提出的异议其实不是他内心的真实想法，只是他在洽谈中采用的一个策略而已。

因此，在听到客户回答说"（这套房子）一般吧，不怎么样"时，我们首先需要做的不是想着如何应对客户的这个异议，而是要了解客户为什么会有这样的异议，洞悉其异议背后的"真相"。

☑ 我们可以这样应对 1

房地产销售人员："刘姐，刚刚看的那套房子，您觉得怎么样？"

客户："一般吧，不怎么样。"

房地产销售人员："刘姐，您能具体说说哪方面不理想吗？"

客户："嗯，别的还好吧，就是面积太大，算起来总价就高了，我担心我的首付不够。"

房地产销售人员："哦，是这样的啊。刘姐，您能告诉我您能接受的首付是多少吗？"

客户："150 万元吧。"

房地产销售人员："刘姐，我记得您是教师吧？"

客户："是啊，怎么了？"

房地产销售人员："是这样，刘姐，我们楼盘的按揭是在建行做的，对于一般客户，他们都要求必须三成首付；但对于公务员和事业单位的职工，可以申请两成首付。"

客户："真的？"

房地产销售人员："是的，这样您的首付就够了。同样的首付，能够买一套更大的房子自然更划算，一步到位，不用再考虑以后换房了。何况现在的银行利率又这么低。"

❖ 点评：客户说"不怎么样"，是不满意环境，还是不满意户型或楼层？如果不通过具体的询问，那么我们是不会知道的。只有找出客户真正不满意的地方，我们才能对症下药，找出说服客户的方法。

☑ 我们可以这样应对 2

房地产销售人员："陈小姐，您觉得这套房子怎么样？"

客户："一般吧，不怎么样。"

房地产销售人员："为什么呢？"

客户："这里交通不是很方便。"

房地产销售人员："陈小姐，刚刚我们才谈到，最近这里在修建地铁，再过三年地铁就通了。我们楼盘就在地铁边上，交通是不成问题的。"

客户："这个我知道，但我还是觉得它不适合我。"

房地产销售人员："陈小姐，我觉得除了交通这方面，您是不是还有其他顾虑？您能否和我说说，我们一起看看什么样的房子更适合您。"

客户："我只是觉得这里的户型太大了，总价太高，这样压力就很大。"

房地产销售人员："嗯，陈小姐，谢谢您如此坦诚。"

❖ 点评：客户的顾虑可能是多方面的，我们只有挖掘到真正的症结所在，才能对症下药。

☑ 我们可以这样应对 3

客户："我觉得你们这个楼盘不怎么样。"

房地产销售人员："请问您为什么会这样认为呢？"

客户："前天我去看过另一个楼盘，人家那个社区要比你们大很多，小区环境也比你们的好。"

房地产销售人员："是的，您说的那个楼盘确实规模更大。因为规模大，所以环境、绿化各方面都做得不错。这是因为它们处在郊区，像我们这样坐落于市中心的项目是不可能有这么大规模的。而且，我们的交通和生活也都比它们更为便利。"

❖ 点评：同理心的使用会让客户觉得你跟他所持观点相同，从而对你之后的分析更加信服。

大讲堂 36
当客户抱怨"没听说过这个开发商"时

同样的地段，同样的环境，万科的房子总是比其他开发商的房子要好卖些，价格也要高些，可见品牌的力量有多强大。当客户对开发商的品牌提出质疑时，我们该如何应对呢？

☒ 应避免的错误

1."不会吧，我们都已经开发过好几个楼盘了。"

——这样的回答有点责怪客户孤陋寡闻的意思，容易让客户产生误解。

2."您这么说，是不相信我们了？"

——没有真凭实据，客户凭什么相信你？

3."我们确实才刚发展不久。"

——客户如此质疑的深层意思就是对你们的实力不放心，而你这样的回答无疑是肯定了客户的疑虑，客户对开发商的实力就会更加怀疑。

在售楼过程中，我们经常会听到客户提出"这是个小开发商吧"或"我怎么没听说过你们这个开发商"之类的疑问。

我们一定不能忽视这类对公司或品牌的异议，它会影响到购房者对楼盘以及房地产销售人员的信赖度，继而影响交易进程。在处理客户异议的时候，我们最好能提供一些有力的证据，以增强客户的信心。

（1）如果本身就是有实力的开发商，只是由于客户对房地产行业不甚了解，或由于公司在这个城市刚开始开发楼盘，那么我们就要从开发商的资质、曾经开发过的知名楼盘等方面入手，让客户了解开发商的真正实力，以增强客户的信心。

（2）如果本身确实是小开发商，我们也不能极力否认，这种事情是隐瞒不了的。我们在坦承自己是小开发商的同时，还要向客户介绍公司以及楼盘的情况，并举例或提供一些具体证据，向客户证明自己虽然刚刚起步，但并不是不可信任的，甚至为了打开市场，比很多大开发商更注重形象和信誉，而且价格相对更加实惠等。

☑ 我们可以这样应对

客户："没听说过这个开发商，是个小开发商吧？"

房地产销售人员："王先生，看来您对房地产行业挺了解的。您说得没错，我们公司确实不大。但麻雀虽小，五脏俱全，我们公司有一套严格的经营管理体系，非常注重企业信誉和市场口碑。此次我们公司投入大笔资金，就是为了开发这个有特色且有质量保证的楼盘，让像您这样早期入住的业主满意，再帮我们宣传宣传。很多大的地产公司都是这么一步步发展起来的。"

客户："有点道理。"（还略有迟疑）

房地产销售人员："五一期间，我们做了一次现场咨询活动，到现场咨询的客户络绎不绝。很多人一直在关注我们的项目，甚至有些客户从我们项目拿地开始就在关注了。五一过后也有很多客户过来咨询，问什么时候开售。您看，我这里还有活动的照片。"（拿出资料增加可信度）

大讲堂 37
当客户抱怨"单体楼没绿化、没配套"时

相比大型社区的规模效应和号召力，单体楼的处境就显得较为尴尬。大型社区的优势在于规模大、绿化多且生活配套设施完善，不足之处是比较偏远，因为只有在那些地方才能拿到大块的地。而目前大部分城市的市中心地段都是单体楼，因为这些地段地皮紧张，难以大规模拿地，因此小区绿化面积少、没有生活配套设施是很自然的事。

❌ 应避免的错误

1. "单体楼就是这样的。"

——这样回答等于直接承认了客户所说的缺点。而且，这种说话的口气容易让客户觉得你根本不在乎他的意见，因而产生不满。

2. "这种房子最容易出手了。"

——这种回答意思太模糊，很容易让客户觉得你是在信口敷衍，根本无法消除客户的异议。

客户在看单体楼时，比较难以接受的就是缺少绿化和配套设施。因此，在化解该异议时，我们最好用单体楼的其他优势来弥补这个不足，引

导客户朝着有利于销售的方向走。

（1）单体楼虽然没有绿化，但是一般会有一个平台花园，以减轻环境压力。

（2）单体楼建筑面积有限，没有生活配套设施，但是由于处于成熟的配套区域中，出门就可打车、坐公交，下楼就可以逛商场，能真正享受城市的商业配套，非常适合平时较忙、应酬多的人居住。

（3）单体楼通常是商住两用，买来后除了居住还可以办公用，因此受到很多创业者的关注。

☑ 我们可以这样应对

（以自住为主的客户）

客户："就那么一栋楼，没有生活配套设施，也没有绿化。"

房地产销售人员："是的，卢先生，单体楼的绿化确实差了点。不过，我们当初在规划设计时就充分考虑到了这方面的不足，特意在顶楼设计了一个平台花园，它视野很开阔，空气也很好，周末上来看看风景是个不错的选择。至于生活配套，您更不用担心。我们这个地段，您也知道，交通便利，周边就是繁华的商业圈，下楼就可以逛商场，比那些偏远的大社区方便多了。"

客户："这个地方噪声也比较大吧？"

房地产销售人员："卢先生，我们给每套临街的房子都安装了双层隔音玻璃，并没有多吵。更重要的是，我们对房子的设计非常讲究，挑高5.5米，您可以搭建跃层，增大房屋的利用空间。原本50平方米的房子，相当于90平方米的面积，非常划算。"

❖ **点评：**任何房子都不是十全十美的，任何房子也都有自己的优势。作为房地产销售人员，我们要摸清客户的真正需求，用房子的优点去弱化客户正在关注的缺点。

大讲堂 38

当客户抱怨"为什么请××代言"时

有时候，客户会提出一些与楼盘品质、价格等都无关的异议，比如"你们为什么要请××代言啊"。对于这些异议，房地产销售人员该如何化解呢？

☒ 应避免的错误

1. 告诉客户我们请××代言是出于全方面的考虑。

——客户不会关心你是出于什么考虑，客户这么说只是他的个人喜好而已。

2. 对客户的这些异议不予理睬。

——即使客户提出的异议与销售无关，房地产销售人员也不能不予理睬，否则客户会认为自己受到了忽视。

当客户提出的一些反对意见和其自身利益没有直接关系，也不至于给销售活动带来影响时，我们只要面带笑容地表示同意，或微笑着不作答就可以了。

国外的营销专家认为，在实际销售过程中，80%的反对意见都应该冷处理。对于一些"为反对而反对"或"只是想表现自己的看法"的客户意见，若是不分主次地认真处理，不但费时费力，而且有旁生枝节的可能。遇到这种情况，我们只要满足客户表达的欲望，并采用忽视法迅速地引开话题就可以了。常用的忽视法有微笑点头、用"你真幽默""高见""很有意思"等客套话回应。

☑ **我们可以这样应对**

房地产销售人员："您放心，我们海报上承诺的这些项目，交房时都会兑现的。"

客户："哦，真的呀？那海报上的这个明星呢？"

房地产销售人员："哈哈哈，王先生，您可真幽默。"

❖ 点评：对于这种"只是想表现自己看法"的客户意见，房地产销售人员大可淡化处理、一笑而过，不必认真作答。

大讲堂 39

当客户抱怨"这里太偏了"时

随着城市化进程的加快，很多城市越建越大，市中心的那些土地根本不够用，以前的郊区陆续变成了重点开发区域。很多购房者在看到建在郊区的楼盘时，都会提出"这里太偏了，生活不方便"之类的异议。面对客户的这类异议，房地产销售人员该如何应对呢？

☒ **应避免的错误**

1．"不会啊，怎么会偏呢？其他客户都没有这样说。"

——如果楼盘的位置确实比较偏，你再怎么否认和掩饰都是没有用的。而且，提出"其他客户没有这样说"，有暗示客户过于挑剔的意思，容易引起客户的不满。

2．"这个位置你都觉得偏，那你想要多繁华的地方？"

——这样反问会让客户觉得你很没有礼貌，而且有点讽刺的意味，不仅对消除客户的顾虑没有任何帮助，还容易引起客户的不满。

3. "正是因为位置比较偏，所以价格才会这么便宜。"

——用价格方面的优势来弱化位置偏这一劣势的做法没错，但是表述方式不对。

如果客户针对楼盘的区位提出异议，最好的解决方法是引导客户发现楼盘的其他卖点，从另外的角度挖掘它的优势。例如，我们可以从市政规划及升值潜力等角度说明楼盘所处区域的价值。

需要注意的是，如果楼盘所处区域确实比较偏，我们不能极力否定，这样会给客户不诚实的感觉。其实，再好的房子也会有这样或那样的缺点。有的缺点即使你不说，客户也会很快发现。所以，我们没有必要刻意隐瞒。但是，把缺点说巧说好也是非常重要的。如果不讲究技巧，就可能给我们造成销售障碍。

☑ 我们可以这样应对 1

客户："这里也太偏了吧，离市区那么远！"

房地产销售人员："张姐，我觉得衡量路程的远近，不能只看距离长短，还要看交通状况。举个最简单的例子，您从湖滨西路到城市广场的距离短吧，可那条路红灯多，而且经常堵车，您30分钟也不一定能走完这段路。从我们这里到城市广场虽然看着远，但只有10分钟的车程。因为从我们这儿到那儿是双向六车道，一路上都没有红绿灯，路况非常好。"

客户："不过这里终归不是市中心。"

房地产销售人员："张姐，很多客户都是冲着环境买我们这里的房子，我想您也是一样的吧？以前大家都爱住市中心，现在却反过来了，很多人都爱住郊区，为什么呢？因为郊区环境好，空气清新。在市中心，您能找到环境这么好、价格这么低的房子吗？您看，我们小区边上就是美丽的艾琴湖和龙凯山等自然风光；人文环境也很不错，××大学、××博物馆都在小区边上。可以说，无论是自然环境还是人文环境，这里都是一流的。您选择这里，不光能拥有一套舒适的住宅，更重要的是能享受优美的环境和惬意的生活。"

❖ 点评：面对客户的质疑，不要针锋相对地驳斥，以自己楼盘的优势来打消客户的顾虑才是明智的做法。

☑ 我们可以这样应对 2

客户："这里太偏了，做什么都不方便。"

房地产销售人员："是的，杨先生，目前这里确实不如市中心繁华。不过，这只是暂时的，再过几年区政府就要搬过来了，到那时就会繁华起来了。"

客户："我也听说区政府要搬迁，可是到现在也没看到动静。"

房地产销售人员："杨先生，您放心，区政府搬迁到这里已经是板上钉钉的事了。您看，前两天的日报上还特意刊登了新区的规划方案。如果等到区政府搬过来，这里发展繁荣起来，房价就不是现在这样了。杨先生，现在城市建设太快了，再过三年这里将是另一番景象，光环大桥建成通车，三环线开通，这里与市中心的距离一下子就缩短了。到那时，这里的房价肯定会翻番。现在不买，到时后悔都来不及了。"

客户："可是区政府搬迁也没那么快，这两三年我们的生活肯定是非常不方便的。"

房地产销售人员："这您就更不用担心了，我们在规划设计的时候已经充分考虑到这个问题。您看，这里是我们规划的商业街，面积有1万多平方米，现在大润发等商场超市都在和我们商谈合作的事了。"

❖ 点评：如果客户对楼盘的区位有顾虑，我们可以分两个部分来一一化解，那就是远景规划和楼盘自身的配套设施。远虑、近忧都被解决了，客户自然就有了购买的信心。需要注意的是，有关远景规划的介绍一定要实事求是，不能欺骗客户。

大讲堂 40

当客户抱怨"靠近马路太吵了"时

如果楼盘靠近马路、飞机场、火车站等场所，虽然交通十分便利，但是噪声相对较大，就会显得太吵。对于这类楼盘，客户在看房的时候往往会提出"太吵了"的异议，房地产销售人员要如何化解呢？

❎ 应避免的错误

1."只是白天比较吵，晚上就不会了。"

——这样解释不但缺乏说服力（就算客户白天一般都上班不在家，可他们周末或在家休息时照样会受到影响），而且向客户承认了确实存在"吵"这个问题。

2."这条路上行驶的车辆不是很多，不会很吵。"

——如果车辆确实不多，这么说是没什么错的。但如果情况不属实，那就等于在欺骗客户，客户会对你产生不满，并对你不再信任。

3."还好吧，习惯了就不会觉得吵了。"

——让客户去习惯"吵"这一缺点是非常错误的说法。除非客户非常喜欢这套房子，否则他们是不会认同这种说法的。

4."现在哪儿的楼盘都这样，生活区和商业区混在一起，难免会有点吵。"

——这样回答是暗示客户过于挑剔，而且有些强言狡辩，容易引起客户的不满。

如果楼盘周边确实太吵，房地产销售人员有三种应对方法。

（1）转移话题。这种方法比较适用于房地产销售人员与客户比较熟悉的情况，前提是房地产销售人员通过观察和交流，非常了解客户的性格特征。比如，客户在表示周边太吵的同时也肯定了交通便利这一优势，房地产销售人员可以抓住这一点，询问客户今天是否开车来的、开了多久的车、路况怎么样等。

（2）利用"负正法"强调楼盘的优点。如果楼盘有价格优势，则可以用对比的方式，向客户表示在市区买一套90平方米的房子，在这里可以买一套110平方米的房子，用具体的数字来刺激客户，让他们对房子的优势有更为明确的认知；如果楼盘位于成熟商业圈，则可以重点向客户强调周边完善的配套设施及地段优点，告诉客户他们可以享受生活的诸多便利。

（3）让客户明白这一不足之处不是无法补救的。比如，告诉客户只要安装双层隔音玻璃，关上窗户，就可以把大部分噪声挡在窗外。如果马路边有绿化隔离带，也可以将其作为说服客户的工具，向客户表示绿化隔离带有降低噪声的功能。

☑ 我们可以这样应对 1

客户："小区的交通是挺便利的，可是周边也太吵了，不适合居住。"

房地产销售人员："张先生，您今天是开车来的吧？这条路很不错，红绿灯少，车辆也不多。"

客户："是啊，我从××大道开到这里，只用了15分钟。要不是这两天下雨，估计10分钟左右就能到了。"

❖ **点评**：房地产销售人员可以借助客户的亲身体验，让其明白楼盘交通便利这样一个事实。不用多费口舌，一切都一目了然。

☑ 我们可以这样应对 2

客户："小区的交通是挺便利的，可是周边也太吵了，不适合居住。"

房地产销售人员："虽然我们这里有点吵，但是您刚才也说了，小区的交通十分便利，去哪儿都很方便。而且，我们楼盘的价格在这个片区是比较低的。您花 300 万元在中心地段只能买 80 平方米左右的房子，但在我们这里可以买一套 100 多平方米的房子。"

❖ 点评：利益补偿法是一个非常好的说服客户的方法，客户更关注的往往是与自己切身利益相关的一些方面，房地产销售人员如果能找准切入点，就可以比较容易地消除客户的顾虑。

☑ 我们可以这样应对 3

客户："这套房子就在马路边上，肯定会很吵。"

房地产销售人员："王先生，其实这条路的车流量不大，也不会有大型车经过。如果您还是怕吵，我建议您安装双层隔音玻璃。我一个客户买了第一期靠近马路的房子，他在装修的时候就请工人师傅安装了这样的玻璃，窗户一关，就基本听不到外面的噪声了。"

客户："这样做能行吗？"

房地产销售人员："我可以问一下那位客户，看他装的是哪种隔音玻璃。您也发现了，这套房子的价格比其他房子便宜很多，就因为在马路边上，它比靠近小区内侧的房子便宜了足足 30 万元，非常划算。况且这套房子还是在 10 楼，视野非常好，采光也一流。总体来说，性价比还是非常高的。"

❖ 点评：没有任何一套房子是十全十美的，房地产销售人员要善于用房子的优点来弱化客户所关注的房子的缺点。同时，如果你能帮助客户找到一些补救该缺点的方法，客户就会感受到你的诚意，购买的欲望也会大大增强。

☑ **我们可以这样应对 4**

客户："小区的交通是挺便利的，可是周边也太吵了，不适合居住。"

房地产销售人员："王先生，您也知道，我们楼盘位于××商业圈，难免会比单纯的生活区吵一些。但正因为如此，周边配套设施齐全，大型超市、银行、餐馆、酒店等一应俱全，生活便利，住得也舒服。"

❖ 点评：房地产销售人员一定要摸清客户购房的真正动机，因为它决定了你推介的方向。

大讲堂 41

当客户抱怨"外立面太土"时

漂亮大气的外立面能很好地体现一个楼盘的档次，所以很多开发商在外立面的设计和用材上颇费心思。但任何一件产品都不可能满足所有人的偏好，有的客户觉得这个外立面好看、有档次，而有的客户却认为很丑。针对持有这类看法的客户，房地产销售人员要如何回答才能让他们满意呢？

☒ **应避免的错误**

1."我觉得一点儿也不难看。"

——"我觉得"带有明显的主观色彩，对消除客户的质疑毫无用处。

2."不会啊，其他客户都说好看。"

——这种回答会让客户觉得房地产销售人员是在说他没有眼光或无中生有、过于挑剔。

3. "这是因为你不懂得欣赏。"

——这种回答充满了挑衅意味，客户听了会非常不舒服，说不定还会使双方发生言语甚至肢体上的冲突。

每个人欣赏事物的眼光都不一样，一个楼盘的外立面不可能让所有客户都喜欢。当客户对此提出异议的时候，我们不能直接否定对方的看法，也不需要同客户争论它到底好不好看，最好的应对方法就是"弯道法"。

所谓"弯道法"，就是不直接回答客户的问题，而是绕个弯从侧面来回答。例如，客户表示外立面很丑，我们可以询问客户喜欢哪种风格，待客户回答后，随即感谢他的看法和建议，并表示会向公司反映，就此结束该话题，转而介绍楼盘的配套或环境等；或转移客户的关注点，比如向客户介绍外墙所用的材料，表示它不但美观大方，还具有防潮、防水、防噪声、保温等多种功能；也可以告诉客户这是一种较新的外墙风格，等到楼盘全部完工后，配合小区里的景观，整体看起来会非常和谐。

☑ 我们可以这样应对 1

客户："这外立面也太土了吧？"

房地产销售人员："张小姐，您喜欢哪种风格呢？"

客户："我觉得 ×× 花园那种外立面就很好看，西式风格，显得典雅大方。"

房地产销售人员："我会向公司反映您的想法的。张小姐，我带您去看看样板房吧，那儿的装修风格您肯定很喜欢。"

客户："好啊！"

❖ 点评：适当肯定客户的观点，可以拉近双方之间的距离。只有沟通顺畅了，房地产销售人员才能找准时机将客户的关注点及时地转移到其他方面。

☑ 我们可以这样应对 2

客户："这外立面也太土了吧？"

房地产销售人员："王先生，您注意到我们楼体外立面所用的材料了吗？"

客户："怎么了？"

房地产销售人员："我们选择外墙材料时不只是考虑到美观这么简单。为了让业主们住得更加安心，公司特地使用了市场上新出的环保材料，它不仅防潮、防水、防噪声，还具有保温的功效。"

客户："现在大家都讲究环保，但是这种外立面确实不太美观。"

房地产销售人员："王先生，您现在看到的只是单独的楼体建筑，可能效果不太好。等到小区里面的各种配套设施和园林景观都弄好了，整体效果就会非常好了。您这边请，我拿楼书给您看看效果图。"

❖ 点评：审美是仁者见仁的事情，房地产销售人员对客户的这种抱怨不必过多解释，要及时将客户的关注点转移到楼盘的整体优势上去。

大讲堂 42

当客户抱怨"周边环境不好"时

刚开发的郊区楼盘大都存在周边配套不完善等问题，当客户看到这里的环境后，往往会提出"周边乱糟糟的"这类异议。对此，房地产销售人员该如何化解呢？

☒ 应避免的错误

1."正常啊，毕竟这里是郊区。"

——这样回答等于让客户接受这个缺点，而没有对客户的异议做出解释说明，无法达到说服客户的目的。

2."可是这里便宜啊。"

——说的虽然是事实，但是要注意表达方式，否则客户会觉得自己在你眼里就是个贪图便宜的人。

3."没事的，周围这些房子迟早都要拆迁，那时候就不会乱了。"

——用未来的规划化解这个异议是非常好的做法，表达的时候最好引用专家看法或市政规划图等作为证据，这样才更加具有说服力。

4."很多客户已经买了我们这里的房子，他们都不介意。"

——拿已经购买此处房子的客户作为案例没有错，但这种表述方式不太合理，客户听了会认为房地产销售人员觉得自己在无理取闹、吹毛求疵。

有些楼盘的内部环境可能做得不错，但外部环境就比较差，周边都是老房子，显得很杂乱。当客户到现场看房时，大多会就此提出异议。

楼盘周边的环境是客户一眼就能看到的东西，是无法辩驳的事实。因此，我们最好不要刻意隐瞒这些明显存在的缺陷。

其实，对于这些情况，客户基本上都有心理准备，否则他就不会来这里买房了。这些楼盘虽然地段优势不明显，但是有很多其他方面的优势：最大的优势就是价格低，相对市区的房价便宜很多，客户就是为了价格便宜才选择到这里买房；如果楼盘位于交通要道或地理位置良好，将来会有很大的发展潜力；周边有众多的生活配套设施，可以满足日常所需，且消费价格较低；郊区楼盘一般规模较大，小区内部配套齐全等。

我们可以用生动形象的语言，向客户描述一下该区域几年后的景象，如要建公园、体育中心、大型超市等，让客户产生美好的想象。

☑ 我们可以这样应对

客户："小区环境还不错，可是边上太杂乱了。"

房地产销售人员："是的，王先生，目前我们这里周边是很乱，不过这种情况只是暂时的。您也知道，房地产开发企业是不会随便在哪个地方买地建房子的，我们都要做大量前期调研，而且要配合片区的规划，经过多重考察后才确定项目位置的。您看，这是我们公司从规划局拿到的规划图。未来5年，这个区域会逐步开发，建商品房，其他市政配套也会相应地完善。"

客户："规划是很好，但那是几年后的事情。如果我现在买了这里的房子，上班也不方便啊。"

房地产销售人员："我们这里交通十分便捷，附近有多条公交线路，可以方便地来往于全市很多地方。如果您自己开车的话，那就更方便了。"

客户："嗯……"（客户还有些迟疑）

房地产销售人员："而且，我们楼盘的价格相对较低。同样多的钱，您在市区只能买一套80平方米的房子，在我们这儿却可以买个100多平方米的大房子。过几年这里发展起来了，房价就会跟着一直涨，非常有升值潜力。"

❖ **点评：**用楼盘的优势来打消客户的顾虑是一种非常正确的做法。要注意的是，你所说的这些优势一定是真实存在的或有证据作为证明，不能为吸引客户而信口雌黄，否则最终只能失信于客户，让客户不再相信你。

大讲堂43
当客户抱怨"绿化率太低"时

对于客户来说，绿化率当然是越高越好。绿化率高，意味着空气好、污染小，住在这样的环境里心情都要舒畅不少。当客户抱怨"绿化率太低"时，我们要怎么应对呢？

☒ 应避免的错误

1."40%的绿化率已经不低了。"

——重复"不低"这个词，无异于肯定了客户的看法，反而加重了客户的疑虑。

2."其实40%的绿化率已经很不错了。"

——这种回答苍白无力，没有提供有力的证据支持，很难让客户信服。

3."怎么会呢？现在很多楼盘的绿化率连40%都达不到。"

——这样回答客户，无异于告诉客户"是你不了解市场行情，并不是我们楼盘绿化率低"，容易引起客户的不满，甚至引起争论。

绿化率也叫绿化覆盖率，是指绿化垂直投影面积之和与小区用地的比率。

当客户就绿化率提出异议时，我们要学会用房地产专业知识来应对，而不是一味地告诉客户"你的看法是错的"。比如，如果我们的绿化率其实并不低，已经符合住宅建设方面的有关标准，我们就可以告诉客户绿化率的计算方法，并提供绿化面积和总用地面积的具体数据，建议客户自己计算。大部分客户在房地产方面都是外行，不可能比房地产销售人员更专业，当我们以专业的态度和知识去应对客户的异议时，很多时候客户并不会反驳而是会欣赏我们的专业能力。

还有一种方法，就是拿一个客户熟知或较为出名的楼盘作为例子，首先询问客户对该楼盘的看法，继而告知客户我们以及该楼盘的绿化率，让客户自行对比。有了直观的比较，客户自然更容易信服。

☑ 我们可以这样应对

客户："你们楼盘的绿化率才 40%，也太低了吧？"

房地产销售人员："陈先生，我们楼盘的绿化率已经超过国家规定的标准了。"

客户："你们说有 40%，我哪知道有没有啊？"

房地产销售人员："这个您不用担心，我告诉您绿化率的计算公式，还有我们楼盘的绿化面积和总用地面积的具体数据，您可以自己计算一下，看是不是真达到了 40%。这个数据是需要通过有关部门检查的，我们不可能造假。"

❖ **点评：**数据具有客观公正的特点，当客户对绿化率有疑虑时，我们只需要将具体的数据摆出来，这样比我们空口白话更有说服力。

大讲堂 44

当客户抱怨"容积率太高"时

买房对很多人来说都是一件人生大事，所以大家在买房时非常谨慎，会提前了解一些房地产方面的专业知识。因此，很多购房者在看房时会提出有关容积率、得房率这样的专业问题。对于住户来说，容积率直接关系到居住的舒适度；对于房地产开发企业来说，容积率则决定了地价成本在房屋价格中所占的比例。当客户提出容积率太高这种异议时，房地产销售人员要怎么应对呢？

☒ 应避免的错误

1."还好吧，也不是很高。"

——这样回答其实承认了楼盘容积率高这一缺点，肯定了客户的看法，更加深了客户的疑虑。

2."和××楼盘相比，我们楼盘的容积率不算高了。"

——对比是一种很好的方法，它可以将现实的效果呈现给客户。但是对比楼盘的选择很重要，如果那个楼盘环境差，口碑也不好，那么客户对你们楼盘的印象也会变差。

3."现在的楼盘都差不多，不信您可以去问问。"

——这种回答等于把问题直接丢还给了客户，让客户自己去求证，这是房地产销售人员不负责任的表现。

容积率和绿化率这两个数据决定了项目居住的舒适度。理想中的住宅应该是绿化率较高、容积率较低。如果楼盘的容积率确实较高，那么我们要懂得利用"负正法"或"弯道法"来弱化这一缺点，强调楼盘的其他优势，以转移客户关注的焦点。

客户关注楼盘的容积率，说明客户较为注重居住舒适度的问题。我们可以从这一角度出发，用楼盘有利于居住的优点来吸引客户。比如，楼盘在景观设计上有特点，我们可以着重强调园林景观带来的新鲜空气和美好的视觉效果；楼盘户型设计很好，我们就可以着重强调人性化设计对生活状态的影响，表示这是一种生活享受。

☑ 我们可以这样应对 1

客户："你们楼盘的容积率那么高，住得不舒服。"

房地产销售人员："刘先生，听您说得这么专业，您一定是个行家。

那您应该知道居住的舒适度并不仅仅和容积率有关，还涉及绿化率。我们楼盘的绿化率达到了 50%，这在同一档次的楼盘中是很少见的。而且，小区有大片南洋风情的园林景观，不仅显得气派，还提升了小区整体的空气质量，非常符合您这种注重生活品质的人的居住要求。"

❖ 点评：生硬地否认客户的质疑并不是好办法，通过强调楼盘其他方面的优势可以弱化客户的顾虑。同时，适当的赞美也会让客户心里更舒服。

☑ 我们可以这样应对 2

客户："你们楼盘的容积率那么高，住得不舒服。"

房地产销售人员："根据我们市的人居标准来说，2.2 的容积率算是非常合理了。您知道 ×× 小区吗？这个楼盘去年非常畅销，口碑也很不错，就在 ×× 大道边上。"

客户："嗯，知道。"

房地产销售人员："我们楼盘的定位和它差不多，其实它的容积率比我们的还高。但是，这并没有影响人们的居住和生活质量。您有时间可以去那里看看，眼见为实。"

❖ 点评：与口碑好的楼盘进行对比，不仅可以提升自己楼盘的档次，还可以将楼盘实际的居住感受直观地呈现在客户面前，因而更有说服力。

大讲堂 45
当客户抱怨"公摊太大"时

在我国，住宅的建筑面积通常是按套内面积加上公摊面积计算的。一般来说，公摊面积越大，得房率就越低。因此，对于一些公摊较大的楼盘，大多数客户都会忍不住抱怨："公摊那么大，好浪费！"面对客户的这种异议，房地产销售人员该如何应对？

☒ 应避免的错误

1. "不会吧，这么点儿公摊还叫大？"

——这样反问会让客户听起来很不舒服。你可以不认可客户的说法，但不能反唇相讥，否则只会引起客户的不满。

2. "我还是第一次听人说我们小区公摊大的。"

——这样回答似乎有责怪客户太过挑剔的意思，容易引起客户的不满。

3. "高层的公摊都差不多这么大。"

——虽然这话说的是事实，但这么回答只是承认了"公摊大"这个问题，并没有消除客户的疑虑。

在化解客户关于"公摊太大"的抱怨之前，我们需要先了解以下几个与面积有关的概念。

1. 建筑面积

建筑面积指的是建筑物外墙（柱）勒脚以上各层外围水平投影面积之和，包括阳台、挑廊、地下室、室外楼梯等。简单来说，建筑面积就是买房时呈现在房本上的面积。

2. 套内建筑面积

套内建筑面积是由套内使用面积、套内墙体面积、阳台建筑面积三部分组成的。

3. 公摊面积

公共分摊建筑面积简称公摊面积，是指每套（单元）商品房依法应当分摊的公用建筑面积，包括电梯井、管道井、楼梯间、变电室、设备间、公共门厅、过道、值班警卫室、共用墙体等。公用建筑面积和分摊的公用建筑面积的产权归整栋楼的购房者所共有，购房者按照法律和法规的规定对其享有权利、承担责任。

一般多层住宅的公摊率为7%~12%，小高层住宅的公摊率为13%~20%，高层住宅的公摊率基本在20%以上。大多数客户都希望公摊小点，其实公摊面积也不能一味追求小，小不一定就是好，会给今后的生活带来不方便。比如，公摊面积小了，电梯间和楼梯间就会很小，多人出入时就会显得比较拥挤，居住体验很差。所以，买房时不要刻意追求低公摊，只要公摊面积合适即可。

☑ 我们可以这样应对

客户："不会吧，公摊那么大，好浪费！"

房地产销售人员："杨先生，您是和哪里比较才觉得我们的公摊太大了呢？"

客户："之前我们看过鹭江新城那个项目，离你们不到2千米，他们的公摊率才15%，而你们的却高达20%！"

房地产销售人员："是的，我们的公摊是比鹭江新城那个项目大，不过您知道这是为什么吗？"

客户："不知道。"

房地产销售人员："您刚刚也说了，您不喜欢那种一梯四户或两梯六户甚至八户的房子，因为电梯不太好等。我们这个项目定位为高端楼盘，是专为成功人士打造的高品质住宅。所以，您也看到了，我们每个单元设计的都是一梯两户，楼道宽，楼下的大堂更是宽敞明亮，这样一来，公摊面积就会略大一些了。而鹭江新城是一梯六户，楼道、大堂都比我们小多了，这点我相信您也发现了吧？"

客户："这倒也是。"

大讲堂 46

当客户抱怨"配套设施太少"时

如今，人们对生活品质的要求日益提高，购房者对小区配套服务设施的要求也越来越高。配套设施已成为客户购房时着重考虑的一个因素，各个楼盘在做宣传时也都会特别强调其在配套设施方面的优势。但实际上，并不是每个楼盘都有完善的配套设施。当客户就此提出异议时，房地产销售人员要怎么化解呢？

☒ 应避免的错误

1."不会啊，怎么会少呢，我们这儿有篮球场，还有儿童活动区。"

——这样回复就好比客户想要一份燕窝，你却端来一碗粉丝，说反正看起来差不多，吃起来也差不多。这种应对方式缺乏说服力，是无法化解客户异议的。

2."我们的特色就是经济实惠，配套设施自然比高档小区少。"

——主动把楼盘的劣势同其他楼盘的优势作比较，是非常不明智的做法。而且，这样回答等于告诉客户，价格较低的楼盘，其配套设施必然就较差。这会损害客户的自尊心，反而给销售造成阻碍。

3."在同档次的小区里，我们的配套已经算是比较好的了。"

——这样的回答等于承认了客户的说法是正确的，而且实际情况可能会更糟糕。

如果楼盘确实存在配套少这一缺点，那么我们可以采用"负正法"来应对客户的异议，重点介绍楼盘所具备的优势、特色等，弱化配套设施不完善这一缺点。比如，楼盘的价格相较其他项目有优势，那么我们就要着重强调楼盘的性价比。这一招对于喜欢实惠的客户最有效。

如果设施不完善只是暂时的，以后还会继续完善，那么我们最好拿出有力的资料或证据来支持自己的说法。比如，带客户到沙盘观看，或到已完成施工的现场观看，再配合项目的美好前景做些生动的描绘，激发客户的想象力。

☑ 我们可以这样应对

客户："你们楼盘的配套设施太少了，生活不够便利。"

房地产销售人员："陈先生，您不用担心，这个问题只是暂时的。小区现在还没完工，配套设施将会逐步完善。您这边请，我给您介绍一下。"

（把客户引导到沙盘边。）

房地产销售人员："您看，这里会有篮球场，旁边是健身广场，还有……"

客户："你们就是讲得好听而已，交房的时候就什么都没有了。"

房地产销售人员："陈先生，您是老板，肯定比我明白信誉对一家企业来说有多重要。我们项目分两期开发，如果首期交工后与宣传的有很多出入，那么肯定会影响后一期的销售。我们不可能这样堵自己的后路，您说对吧？"

客户："是这个理儿。"

❖ **点评：** 当客户对你给出的规划心存怀疑时，最直接有效的方法就是利用公司重信誉、不会自毁名声的理由来进行说服。

大讲堂 47

当客户抱怨"两梯六户电梯难等"时

住过电梯房的客户都知道，遇到早晚上下班高峰期的时候，都是排队等电梯，非常浪费时间。尤其是上班快迟到的时候，遇到这种情况更是急得不行。因此，当楼盘是"一梯四户"或"两梯六户"这种结构时，客户通常会提出"电梯难等"的抱怨。房地产销售人员此时应如何应对呢？

❌ 应避免的错误

1."是吗？我觉得还好啊！"

——你觉得怎么样不重要，客户觉得怎么样才重要。这种自说自话的语气会让客户觉得你在有意敷衍。

2."不会啊，您避开上下班高峰期就好了。"

——这样回答不但肯定了客户"电梯难等"的看法，而且提醒了客户"上下班高峰期电梯更难等"，只会起到反作用。

3."我们这儿也有一梯两户的房子，就是每平方米价格要贵 3000 多元，您要看看吗？"

——这种应答相当于故意拆客户的台，有意让客户难堪，容易伤害客户的自尊心，会给销售制造阻碍。

很多购房者都会抱怨高层、小高层"一梯四户""两梯六户"不好，电梯不仅拥挤，而且很难等。即使客户知道自己购买的是普通住宅，存在这样的弊端在所难免，他们也往往会用挑剔的眼光来看。因为他们知道提出的问题越多，接下来的谈判就越能占据主动。

面对客户提出的这种异议，我们并不需要和客户正面争论，而应该利用其他方面的优势来弱化"电梯难等"这个不足。例如，拿那些一梯两户或一梯一户的房子进行对比，让客户明白，一梯多户虽然有"电梯难等"这个小小的缺陷，但在价格上却有着巨大的优势，并且公摊要小得多。如果客户买的是五层以下的房子，我们还可以建议客户偶尔爬爬楼梯，锻炼身体；或建议客户提前几分钟出门，避开电梯使用的高峰期。

☑ 我们可以这样应对

客户："两梯六户？太拥挤了，电梯都要等半天。"

房地产销售人员："是的，陈先生，两梯六户相对于一梯两户来说，电梯是比较不好等。但是，它的公摊也要比一梯两户的小。同样是120平方米的房子，如果两梯六户的使用面积是110平方米，那么一梯两户的使用面积可能就只有100平方米。也就是说，两梯六户的房子不但使用面积比一梯两户的大，而且价格也会比一梯两户的低不少。"

客户："其他时间还好，多等一会儿无所谓。上班的时候这样等，每天都有可能会迟到。"

房地产销售人员："陈先生，您的这套房子在三楼，楼层不高，您可以每天提早几分钟出门，走走楼梯，锻炼一下身体。您平时工作忙，可能没有什么时间锻炼，刚好趁着这个机会活动一下筋骨。"

❖ 点评：任何事物都有两面性，房子的缺点从另外一个方面看可能就成了优点。作为房地产销售人员，我们就是要运用巧妙的语言，将客户向积极的方面引导。

大讲堂 48

当客户抱怨"社区太大"时

在买房选房时，除了地段、环境等，到底是"选择大社区还是小社区"这个问题也经常困扰着购房者。当我们的楼盘体量较大时，可能有些客户就会认为"社区太大"，对此我们该如何应对呢？

☒ 应避免的错误

1."还好吧，社区大了住得比较舒服。"

——这种回答有点文不对题。而且，这仅仅是你个人的看法，对消除客户的疑虑毫无用处。

2."这种规模的社区不算大。"

——这样的回答苍白无力，只是将自己的看法强加给客户，缺乏说服力。

3."小社区有什么好？配套设施不完善，也没什么绿地，活动的地方也少。"

——这样回答没有对"人太多太杂"这个异议做出解释，无法达到说服客户的目的，而且会让客户觉得你是在故意贬低小社区，容易给客户留下不好的印象。

4."不是吧，这样的社区，您还说太大？"

——用这样的语气反问，容易引起客户的不满，很可能会引发争执。

当客户抱怨"社区太大"时，我们需要让客户清楚大社区有什么优势，同时提醒客户小社区存在的不足，以转变客户的观念。

1. 大社区的优势

（1）房地产开发企业实力雄厚。能开发大型社区的房地产开发企业通常拥有比较雄厚的实力，项目的品质通常更高，并且不容易出现"烂尾楼"的情况。

（2）配套更完善，生活更便利。大型社区规模较大，社区内超市、幼儿园、商业等配套也会比较齐全。另外，大型社区也会因为规模较大而更容易受到政府关注，社区周边的交通、绿化等市政配套也会随之增多。

（3）环境优美。大社区有足够的空间来设计景观，社区整体环境比较干净整洁，绿化率更高。

2. 小社区的劣势

（1）配套不够完善。开发小社区的房地产开发企业一般财力有限，在配套设施方面可能做得不够完善。特别是当小社区处在公共配套设施也不成熟的地段时，这个缺点就会被放大，客户未来的生活会很不方便。

（2）内部活动区域小。小社区的面积比较小，大部分面积都被用来建造房屋，而相应的绿化面积就会缩减，客户通常没有足够的室外活动空间。

我们在向客户介绍大社区的优点时，最好带客户参观一下小区，让客户感受一下大社区的生活方式和生活氛围，转变客户的想法。另外，我们还可以引用专家的结论或报纸报道，从专业的角度告诉客户规模合理的小区不仅有利于管理，还能有效降低业主的购房成本和生活成本。

☑ 我们可以这样应对

客户："你们的社区太大了，住起来肯定不舒服。"

房地产销售人员："王小姐，您为什么觉得大社区住起来不舒服呢？"

客户："我之前就住在××小区，规模很大，住的人实在太多了，每天都闹哄哄的，吵死了。而且，那里有好几个门，物业管理非常差，很不安全。"

房地产销售人员："王小姐，这个问题不是绝对的。可能是因为有一些规模较大的社区物业管理没有做好，所以才会给人留下这样的印象。我知道××小区，它建得比较早，那里还有很多拆迁安置房，物业管理确实不怎么样。而我们小区是高端住宅，由全国知名的物业管理公司负责物业管理工作，物业管理水平与那个小区不可同日而语。您只是听我说可能也没什么感受，我们一起去看下我们一期的管理。"

客户："好的。"

（把客户引至已经入住的区域参观。）

❖ 点评：当客户提出"社区太大"的抱怨时，我们首先要问清楚客户为什么会有此顾虑，这样才能有针对性地予以说服。

大讲堂 49

当客户抱怨"社区太小"时

"萝卜白菜，各有所爱"。有人喜欢住小一点的小区，出入方便；有人却喜欢住大一点的小区，活动空间更加大、住得更舒服。那么，当客户抱怨"社区太小"时，我们该如何应对呢？

☒ 应避免的错误

1."怎么会小呢？这种规模的已经不算小了。"

——这样回答有点责怪客户没见过世面的意思，客户听了会不舒服。

2."不小吧，我接待了这么多客户，没有人说它小啊！"

——这种说法是在暗示客户过于挑剔，客户听了会不太舒服。

　　3. "小社区比大社区好，大社区人口密集，环境又嘈杂，住着不舒服。"

　　——在与大社区比较的时候，我们要客观地分析其优缺点，而不是随意攻击。否则，客户会认为我们故意诋毁竞争对手，从而给其留下不好的印象。

　　有的客户非大社区不选，有的则偏爱精致的小规模社区。其实，大有大的好，小有小的巧，作为房地产销售人员，我们要把它们各自的优势与客户的实际利益结合起来，引导客户的购买方向。

　　当客户抱怨"社区太小"时，我们需要帮客户弄清楚小社区有什么优势，同时提醒客户大社区存在的不足，以转变客户的看法。

1. 小社区的优势

　　（1）由于项目体量较小，所以施工周期短、交房速度快，购房者可以很快实现装修入住的梦想。再加上社区规模小，基本没有后续二三期的开发，业主入住后不会受到施工带来的噪声和灰尘污染。

　　（2）小社区的产品品种单一，物业形态不会太多，业主层次基本相似，不仅方便管理，而且业主之间相处也会更加融洽。

2. 大社区的劣势

　　（1）地段较偏。大社区需要建在大面积的地块上，市区里很少能提供这样的土地，所以大社区通常地段较偏，交通比较不方便。

　　（2）竣工时间长。规模大的社区，从开工到竣工一般都需要3~5年的时间，甚至更长。所以，买大社区住宅的购房者一般需要经历漫长的等待后才能收房，而且前期入住的业主要忍受后期建设施工过程中的噪声和粉尘等污染。

　　（3）配套完善周期长。大社区虽然配套设施比较齐全，但是落实和建成的时间较长。

为了增加说服力，我们还可以引用专家的观点，表示社区不在于大小，而在于是否成熟（所谓成熟社区，即社区配套基本形成、交通状况良好、市政配套齐全、与城市街区形成快速连接、人气旺盛、生活便利、物业管理步入正轨的社区），消除客户对小规模社区的偏见。

☑ 我们可以这样应对

客户：“你们这楼盘也太小了吧，配套也不多。”

房地产销售人员：“是的，我们这个楼盘不大，社区内配套设施不多，但是这里紧邻市中心，周边商业繁华、交通便捷，附近的公共配套设施完全可以弥补自身配套不足的缺点，对您的生活并没有影响。而且，正因为配套不多，我们的房价也相对较低。还有，我们的物业管理费也很便宜，每平方米才 1.5 元！”

客户：“我之前住的社区很大，看这个小区真觉得很小。”

房地产销售人员：“请问您之前住在哪里？”

客户：“××小区。”

房地产销售人员：“我去过那个小区，确实挺大的。但是，我个人感觉那里比较吵，广场上还有很多卖小吃和生活用品的小摊。喜欢安静的人就不大适合住那儿。”

客户：“是的，我的房子刚好就在广场旁，一到晚上就非常吵闹，我小孩都没法安心学习。”

房地产销售人员：“我们这里只有五六栋楼，居住人口少，白天和晚上都比较安静，肯定不会影响您的小孩学习。”

客户：“嗯，那是比较安静。”

房地产销售人员：“其实，专家都说社区的规模大小不重要，而是看这个社区是否成熟。您看我们这里地段好、闹中取静，户型又漂亮，不正符合您的要求吗？"

客户："听你这么说，好像挺有道理。"

❖ 点评：不怕客户挑剔，就怕房地产销售人员不会引导。作为房地产销售人员，我们对客户所说的每一句话都要有更深一层的理解，这样才有可能抓对客户真正关注的因素，从而做出更有针对性、更有说服力的推介。

大讲堂 50
当客户抱怨"朝向不好"时

朝向也是衡量一套房子好与不好的重要指标，它不但影响采光、集热，而且影响通风。同样的户型，好的朝向会大大提高房屋的居住品质，改善住宅的室内环境，对居住者的身心健康十分有利。那么，当客户提出"朝向不好"的异议时，我们该如何妥善处理呢？

☒ 应避免的错误

1."如果是朝南，那价格可就不是这样了，每平方米要贵好几百元呢！"

——这么说确实没错，但可能会让客户感觉你看不起他（买不起更贵、更好的房子）。

2."我们这是南方，朝北的房子没什么区别的。"

——没有搞清客户不喜欢朝向的真正原因就试图轻描淡写地带过，对消除客户的疑虑毫无作用。

3."没关系，要不我们去看看另外一套朝南的房子吧。"

——客户一提出不喜欢就马上选择放弃，房地产销售人员这样做是无法取得好业绩的。当客户提出异议时，我们首先要尽力解决；如果最后客户还是不能接受，我们再为客户提供另外的选择。

在传统观念里，南北朝向为正，东西朝向为偏。朝南的房间为正房，所以大多数购房者在选购住宅时都会选择坐北朝南的房屋。

但是，由于土地和建筑的限制，不可能所有户型的朝向都让人满意。

因此，当客户提出有关朝向（朝北或朝西）的异议时，我们首先应表示理解，然后向客户传达正确的购房理念：判断一套房子好不好，朝向只是一方面，其他因素如价格、楼层、采光、户型结构等也都是需要综合考虑的。客户应在充分考虑差价、采光、日照、通风、室外景观等因素后，再做出最适合自己的选择。

☑ 我们可以这样应对 1

客户："这房子是朝北的，不好。"

房地产销售人员："杨小姐，由于传统观念的影响，大部分客户都不喜欢朝北的房子，而喜欢朝南的房子。其实，判断一套房子好不好不能只看朝向，还要综合考虑景观、楼层、户型等因素。您觉得呢？"

客户："话是没错，可是我就觉得朝北的房子采光不好，住得不舒服。"

房地产销售人员："是的，如果整天晒不到太阳，那的确不舒服。不过，杨小姐，这套房子可不存在这个问题。"

客户："哦，它还能晒到太阳？"

房地产销售人员："是的，杨小姐。现在我们是晚上，所以您会有这个疑虑。如果是白天，它还是能享受到光照的。昨天早上，我也带了一个客户来看房，当时阳光就照到这里面来了，就是您现在所站的这个地方。"

客户："你不会骗我吧？"

房地产销售人员："杨小姐，您放心，这种事情是骗不了人的。如果您对这套房子的其他条件都满意的话，明天早上我再带您来看看，您不就清楚了吗？不是所有朝北的房子都晒不到太阳。您看，这套房子在 23 层，周边都是多层和小高层，没有遮挡。而且，我们开发商在设计时就充分考虑到了这个问题，所以建筑朝向也不是正南正北，而是略有偏差，当早上太阳到一定位置的时候，就可以照到房子里来了。"

客户："哦，那好，明天我再来看看。"

❖ 点评：房地产销售人员首先要弄明白客户不喜欢房子朝向的真正原因，只有这样才不会使我们的推介方向发生偏离。如果是光照的问题，而恰好这套房子在设计之初已在这方面有所规避，就正好可以说服客户朝北不一定都光照不好。当光照不再是问题，价格又适当时，客户就能很快做出购买决定了。

☑ 我们可以这样应对 2

客户："这房子是朝西的，会西晒，不好。"

房地产销售人员："是的，朝西的房子确实存在西晒这个不足。郑先生，那您觉得这套房子与刚才我们看的那套比，哪套的综合条件更好些？"

客户："各有不足吧。那套房子虽然朝东，但是户型结构不好，有些浪费面积。"

房地产销售人员："这世上没有完美的房子，任何一套房子都有不足，关键是看您更在意哪些方面了。其实，判断一套房子好不好，不能只看朝向，还要综合考虑景观、楼层、户型等因素。您觉得呢？"

客户："话是没错，可是我就觉得朝西的房子到夏天时会很热。"

房地产销售人员："郑先生，您也很怕热吧？"

客户："是的。"

房地产销售人员："嗯，我也很怕热。据我所知，就我们本地的天气来说，在夏天，即使是朝东或朝南的房子，大家也都是需要开空调的。不开空调，就根本没法入睡。所以，单纯西晒这问题，对平时生活的影响不是很大。"

客户："可是这个价格买朝东的房子也够了吧？"

房地产销售人员："郑先生，您过来看看，是不是可以看到金榜山、元谭湖？"

客户："嗯，景观是不错。"

房地产销售人员："郑先生，这套房子虽然朝西，可是它能看到的景观要比朝东的更好。这就看您更注重哪一方面了。像您这样的年轻人工作繁忙，白天较少有时间在家休息，再加上空调等各种家电的普及，对日照等自然条件的要求已经有所减弱，而对优美景色的需求却在增强。窗外景观环境的好坏，已成为评价居住质量的一个重要标准，谁也不希望打开窗户就看到乱糟糟的景象。"

客户："那倒也是。我现在住的那套房子虽说朝南，但景观比朝北的都要差。"

❖ 点评：房地产销售人员一定要善于把客户的注意力向有利于销售的方面转移，引导客户权衡利弊，这样就能帮助客户清楚地知道自己到底最在意哪些因素了。

大讲堂51

当客户抱怨"楼层不好"时

有些人喜欢住高层，有些人喜欢住低层。当需求得不到满足时，客户自然会提出异议。而且，有时候即使客户不在意这个问题（毕竟大家都知道不可能买到十全十美的房子），为了在谈判中把握主动，他们也可能会将这些小问题当作讨价还价的理由。对于这些问题，房地产销售人员该如何处理呢？

☒ 应避免的错误

1. "不会啊，现在很多人都喜欢买这样的楼层。"

——这样回答会让客户觉得你在信口开河，对说服客户毫无用途。

2. "您错了，这个楼层其实是最好的。"

——这样回答会让客户感觉到你太傲慢，不认可他的眼光。

3. "那您想要低一点还是高一点的楼层？"

——没有想着去说服客户，也不问问客户为什么不想要这样的楼层，如此轻易地就顺着客户的思路走，只会给自己的销售带来更多麻烦。

事实上，每个客户的喜好不一样，没有哪个楼层绝对最好的说法。我们应站在客户的角度，根据客户的实际情况，引导客户选择最适合他的楼层。当然了，每个楼层都有它的优势，关键在于我们如何把这些优势准确传达给客户。

1. 多层建筑各楼层的优势

（1）一、二楼：楼层比较低，如家里有孩子和老人，有利于他们的出行与活动，生活安全系数较高。

（2）三、四楼：具有采光好、安静整洁的特点，既避免了一、二楼低楼层的潮湿，也避免了五、六层爬楼累的问题。

（3）五、六楼：采光好，通风好，景观好，没有视线阻碍，价位也较低。

2. 高层建筑各楼层的优势

（1）低楼层：价格相对较低，在升值潜力方面有优势，而且出行方便，很多时候都不用挤电梯。

（2）中间楼层：景观、通风及采光都较好，价格适中，使用电梯也比较方便。

（3）高楼层：采光最好，通风最好，没有视线阻碍，视野开阔。

☑ 我们可以这样应对

客户："2楼太低了，我还是喜欢住高点。"

房地产销售人员："每个人的喜好都不一样，有些人喜欢住高楼层，有些人喜欢住低楼层。不过，根据您的情况，我觉得这套2楼的房子还是非常适合您的。"

客户："为什么？"

房地产销售人员："刚才您说，到时您父母也要和你们一起住，是吧？"

客户："是的。可是这里有电梯，住高层也没什么区别吧？"

房地产销售人员："虽然有电梯，不过居住最讲究的是生活便利性，从这一点来说，低楼层还是要比高楼层更好。而且，电梯并不适合所有人，通常人们在坐电梯的时候都会有失重的感觉，尤其是乘坐高速电梯下楼时，会觉得心悬在半空中，当电梯停下来的时候，又有'一块石头落地'的感觉，很不舒服。同时，楼层越高，价格也越高，每往上一层每平方米要加价100元呢。"

❖ **点评**：各个楼层有它们独特的优势，房地产销售人员所要做的就是要将楼层的优势与客户所能得到的利益结合起来，引导客户做出购买决策。

大讲堂 52

当客户抱怨"户型种类太少"时

在面积已经确定的情况下,户型其实大同小异。或许客户已经看中了一种户型,但由于择优心理,有些客户还是会抱怨"户型种类太少,没什么选择空间"。面对这种情况,房地产销售人员应该怎么应对呢?

❌ 应避免的错误

1."有这么多户型供您选择,还嫌不够啊?"

——反问句式总会让人不舒服,在销售过程中最好少用甚至不用。而且,这种语气让人听起来有些挑衅的意味。

2."这种户型就很好,要那么多户型做什么?"

——不同的人有不同的喜好,你喜欢的户型不代表客户也会喜欢,房地产销售人员切忌将自己的喜好强加于客户。

3."还好吧,其他客户都没这样说。"

——这样回答容易让客户认为你在责怪他吹毛求疵,自然会引起他们的不满。

客户提出这种抱怨时,我们应根据之前与客户接触时所了解到的信息,向客户推荐最适合他的户型,尽量站在客户的角度向其阐述此户型的优点。或以直接询问的方式,请求客户告诉我们他喜欢哪种户型,再向其推荐符合其需求的户型。

☑ 我们可以这样应对

客户:"你们这儿户型种类太少了,没什么选择的空间。"

房地产销售人员："张小姐，请问您喜欢哪种户型呢？"

客户："你们最大的户型才110平方米，我想要更大一点的，住着比较舒服。"

房地产销售人员："张小姐，现在市场上最流行的就是中小户型，空间利用合理，经济舒适。小户型对您来说太小，太大了会显得房子空荡荡的，不够温馨。像这种110平方米的三居户型，最适合您这样的白领居住。如今，人们都讲求精致生活，您可以充分利用这110平方米的空间，把家里营造得温馨又有格调……"

❖ **点评**：面对客户的质疑，房地产销售人员可以大胆地说出如果自己是业主会有怎么样的设想。这样不仅可以拉近与客户之间的心理距离，你的一些专业建议也更容易被客户认同和接纳。

大讲堂 53

当客户抱怨"户型结构不好"时

开发企业为了追求更多的利润，总是尽可能利用好每一寸空间，从而不可避免地设计出许多怪异的户型。比如，有的户型走道过长，浪费面积；有的户型不够方正，不好装修；有的卧室过小，住着不舒服……于是，很多客户在看房时就会抱怨"户型结构不好"。对此，我们该如何应对才能让客户满意呢？

☒ 应避免的错误

1. "这个户型的设计就是这样的。"

——这样回答让人听起来有敷衍的意味，对解决客户异议毫无作用。

2. "怎么会呢？现在很流行这样的设计。"

——这样回答显得有些强词夺理。买房不是买衣服，单用"流行"不能消除客户有关"户型结构不好"的疑虑。

3. "我还是第一次听到这样的说法，开发商这样设计肯定是有理由的。"

——这样回答无疑是在暗示客户过于挑剔，有敷衍客户的意味，容易让客户心生不快。

什么才算是好户型呢？每个人的看法可能都不一样。总体而言，一个好的户型应该具有以下几个特征。

1. 经济性、实用性、灵活性

户型的经济性是指户型设计要紧凑实用、使用率高，同时，在保证一定性能要求的前提下，造价相对更低。

户型的实用性是指住宅要满足实用的要求，使用功能要合理，面积大小要适宜，厅、房、厨、卫、阳台等各类功能区间的设置能满足人们的各种生活需求。

房屋属于长期消费品，在长时间的使用过程中，业主很可能会因为家庭规模和结构的变化或喜好的改变而变换房屋使用功能。因此，户型要具有一定的灵活性，为日后的空间变化提供条件，比如隔墙可以灵活分隔（框架结构），以满足业主改变功能分区的需求。

2. 格局方正

户型的格局要方正规整，避免有三角形（尖角形）等不规则形状出现，少点"金角银边"，谨防多边角的"钻石房"出现。

不规则的格局虽然可以活跃空间，但不利于家具布置和物品摆放，容易造成面积浪费。同时，突兀的斜角或锐角会让人形成视线错觉，给人一种不适的压迫感。

此外，室内最好不要有横穿屋顶的大梁或回水管道，否则不但影响美观，而且会给人造成压抑感。

提示

比较理想的户型格局

（1）入门处有过渡空间，装修时可以设计一个玄关，这对整套房的私密性有很好的保证。

（2）客厅空间相对独立，除了一个入口和阳台推拉门之外，无其他房门正对着客厅；开间较大，形状规整，通风采光效果佳。

（3）朝南的房间越多，通风采光效果也就越好。

（4）厨房与餐厅紧密相联，方便备餐与用餐；餐厨均有明窗，通风、采光好。

（5）卫生间有明窗通风和采光，主卧有独立卫生间，私密性强；阳台最好一南一北两个，有利观景、通风和晾晒衣物等。

（6）每个卧室的面积分配要合理，方正、平直、令人心情舒畅，并且要有利于空气对流。

（7）动静分区、干湿分区明晰，过渡自然，互不干扰。

（8）没有狭窄的通道或其他难以利用的空间。

---

3. 布局合理

户型布局相当重要，它关系到购房者入住之后是否舒适、方便。如果布局不合理，要么大大增加日后改动布局的烦恼和费用，要么有可能带来难以挽回的遗憾。

合理的户型布局应满足以下几点要求。

（1）动静分明。

动区和静区应严格分开，确保休息的人能安心休息，要娱乐的人可以放心娱乐。

一般来说，起居室、餐厅和厨房是住宅中的动区，它应靠近入户门的位置；卧室是静区，它的位置应比较靠里；卫生间设在动区与静区之间，以方便使用；同时，室内交通线应尽可能便捷。

（2）公私分明。

除了动静分明外，好的户型格局还应做到公私分明，确保家庭生活的私密性得到充分的尊重与保护，不能让访客在进门后将业主家庭生活的方方面面一览无遗。

公共区主要供起居、会客使用，如客厅、厨房、餐厅、门厅等；私密区主要供处理私人事务、睡眠、休息用，如卧室、卫生间、书房等。

（3）洁污分区。

卫生间和厨房需要经常用水，而且容易产生垃圾，属于房屋中的"污"区；客厅和卧室则相对干净，属于房屋中的"洁"区。因此，厨房应尽量安排在靠边出口的地方，这样可以尽量减少油烟、生活垃圾等对房间的污染。

提示

（1）厨房应靠近入口布置，这样买了菜直接就可以放进厨房。此外，厨房不宜距卧室太近，厨房门更不能正对卧室房门，厨房最好有窗户可以直接对外采光通风。

（2）餐厅属于住宅中的动区，宜靠近门的位置，和起居厅空间要相对独立。

（3）客厅是相对独立的空间，要求宽敞、明亮，有较好的朝向和视野；客厅的设计应尽量方正，以利于摆放家具。若入户为起居厅时，最好在入口处有一过渡空间，比如设置一个玄关，避免入门就看到客厅，增加户内的私密性。

（4）卫生间应接近卧室，以方便晚间使用；卫生间的门不应直接开向客厅和餐厅，这样既不卫生又不雅观；卫生间最好能干湿分离。

（5）卧室不宜太小且要具有私密性；主卧室要有好的朝向，并设置独立的卫生间。

（6）阳台最好与客厅相连，这样可使客厅显得宽敞、明亮。

☑ 我们可以这样应对

客户："这个户型不好，设计不合理。走道这么长，浪费面积；书房又这么大，我认为没有必要。"

房地产销售人员："杨总，这个户型设计确实存在您说的这个问题，之前也有客户抱怨过，不过他们后来听了我们的建议，都觉得这个问题很容易解决，然后都选择购买这个户型了。毕竟，这个户型的朝向、景观等都无可挑剔。"

客户："怎么调整？"

房地产销售人员："书房太大的话，可以把它隔出来一部分改为步入式衣帽间，就像这种设计（拿出衣帽间的图片），这样房间内的功能空间就更全了，您太太一定会非常喜欢这种设计的。如果您觉得走廊的面积浪费的话，可以在走廊墙壁上安装几个架子，在上面放一些你们全家人的生活照片或小饰品来点缀一下，这样设计的话整套房子肯定非常温馨，而且很有特色。"

❖ 点评：面对客户的疑虑，房地产销售人员可以通过提供专业的建议来让客户看到房子更多的购买价值。当客户意识到自己担心的问题其实可以解决的时候，就能很快做出购买决定了。

大讲堂 54
当客户抱怨"户型太大"时

在经济条件允许的前提下，大多数人都喜欢买大房子，房间自然也是越多越好。然而，受限于经济实力，很多客户只能选择小户型。因此，难免会有客户抱怨"户型太大"，对此，我们该如何说服客户呢？

☒ 应避免的错误

1."怎么大了？这已经不算大的了。"

——这种回答算是对客户的直接反驳，很容易刺激到敏感的客户。

2."小户型有什么好？大房子住着才舒服。"

——如果客户是由于经济条件限制无法买大户型，这样回答会让一些比较敏感的客户觉得你是在嘲笑他。

3."对不起，我们楼盘都是大户型，没有小户型。"

——客户有时不是真的不想要这样的户型，也不是真的嫌这房子太大。这样回答等于轻易放弃了这个客户。

当客户抱怨"户型太大"的时候，我们先不要急于辩解，应该先搞清楚客户是认为面积太大，还是认为户型设计不合理。只有摸清问题出在哪里，我们才能有针对性地予以解决。

如果客户是认为面积太大，那么我们应向客户传达大户型的种种好处。比如，大户型功能空间齐全且相对独立，可以保证个人隐私；有孩子的三口之家方便老人或保姆就近照顾；逢年过节，远方的亲朋好友来了也不用担心住宿问题；大户型的住宅功能空间较全，有多个洗手间，也有衣帽间或书房等，可以让家庭生活更加丰富。同时，我们还应该向客户阐述购买大户型的原因。比如，从长远来看，小户型是不太适合长期居住的，通常只是作为过渡性住宅。因此，如果客户经济条件允许，应该一步到位，省却换房的诸多烦扰。

如果客户真正在意的并非面积太大，而是认为户型设计不好，浪费的面积和空间太大，那么我们就要根据客户的意见提供改善的建议。例如，客户认为次卧面积太大，就建议客户在次卧隔一间小书房出来，给孩子学习用；如果客户认为客厅和餐厅相连不好，可以建议客户在中间设置一个屏风等其他装饰进行分区；客户认为生活阳台没有必要，可建议客户把阳台封起来当储物间等。在向客户提供建议的时候，我们可以运用例证法，拿其他同类户型住户的装修案例来增加说服力。

☑ 我们可以这样应对 1

（客户认为面积太大）

客户："这户型太大了。"

房地产销售人员："刘小姐，请问您是觉得这房子的面积太大了，是吗？"

客户："是的。"

房地产销售人员："刘小姐，其实这套房子的实际面积才115平方米，只是因为户型方正、布局合理，所以看起来才会显得很大。您是一家三口，这种三室两厅的户型不大不小刚刚好，您和爱人一间，孩子一间，另外一间可以作为客卧或书房。"

客户："现在不是有90平方米左右的三室一厅户型吗？"

房地产销售人员："是的，现在市面上的确出现了一些90平方米左右的小三居。老实说，以您的经济条件，我并不建议您选择小三居。"

客户："为什么？"

房地产销售人员："刘小姐，90平方米的房子虽然也可以设计成三室一厅，但是受限于总面积，每个功能区的面积都很小，容易显得压抑。而且小三居属于过渡住宅，是不适合长期居住的。过几年您的孩子长大了，需要学习的空间，房子太小就会显得拥挤和吵闹。到那时候再换房子，不仅要再奔波几个月看房，买房后还要装修布置，耗时耗力。您现在的经济条件完全能够负担一套宽敞的大房子，所以我才会说这套房子最适合您。"

客户："那也是，换房真累人。"

❖ 点评：房地产销售人员是客户的参谋和顾问，只要能够站在客户的立场分析问题，客户就愿意接受你的意见或建议，双方的交流也能够更加顺畅。

☑ 我们可以这样应对 2

（客户认为户型设计不合理）

客户："这户型太大了。"

房地产销售人员："刘小姐，不好意思，请问您是认为面积太大了，还是对户型不太满意？"

客户："这么大一套房子，却设计得这么不合理！你看这个房间这么小，放一张床就没地方了。"

房地产销售人员："刘小姐，这个房间最初的设计是保姆间，所以面积相对来说就比较小。我建议您可以把它改造成一间书房，您是教授，肯定需要一个安静的环境来看书做学问，这间房子正好适合。除了这个房间，这套房子还有三个卧室，您一家三口足够用了。"

客户："书房？这个建议不错。"

❖ 点评：当客户意识到自己担心的问题其实可以解决的时候，他提出的异议自然也就不会对销售造成影响了。

大讲堂 55
当客户抱怨"户型太小"时

如果不考虑经济承受能力，绝大多数人都会选择大一点的房子。但"大"是要付出代价的，那就是更多的资金。有些客户的购房预算仅仅能买 80 平方米的二居室，却嫌弃户型太小，显得不够大气。面对客户的这种异议，房地产销售人员应该怎样应对呢？

☒ 应避免的错误

1."小户型的房子就是这样，要不您看看大户型？"

——这样回答相当于肯定了客户（户型太小）的看法，而且轻易就放弃了努力，使销售工作不得不重新开始。有些较为敏感的客户，还可能会认为你在讽刺他买不起大房子，继而对你产生不满。

2."小户型没什么不好啊，经济实惠。"

——经济实惠确实是小户型的优势，但是这样回答没有针对客户提出的"不够大气"做出解释，不足以让客户信服。

如果客户经济能力有限，买不起大户型，我们应委婉地告诉客户，购买住房时应更多关注其实用性。一套120平方米的三居室比80平方米的二居室的总价至少多出30%。小户型可以作为过渡住宅，等以后经济宽裕了再购买大户型，这样全家人的经济压力不会那么大。

当然，如果客户确实觉得小户型不好，只要客户经济条件允许，我们就可以转而向客户推荐体面大气的大户型。

☑ 我们可以这样应对

客户："这户型太小了。"

房地产销售人员："刘小姐，目前这种80~110平方米的三居是市场上最畅销的户型，特别受像您这样的年轻人欢迎。因为它不仅实惠，而且非常实用。就拿目前市场上流行的120平方米的三居室来说吧，它的总价最少比我们这套95平方米的三居高出30%，而且装修费、物业管理费和其他各种费用也会相应增多，这是一笔非常大的开销。对您来说，小户型只是过渡性的房子，等您将来经济压力没那么大了，可以再次置业。"

客户："如果多来几个朋友，房间都坐不下吧。"

房地产销售人员："刘小姐，现在大家很少在家招待客人，有客人来了可以去茶馆、咖啡厅，轻松又体面。您也不用担心要经常收拾屋子或影响家人休息了。"

❖ 点评：对于处在事业上升期的年轻置业者而言，经济实惠是最吸引他们的一个优势。当然，如果你能够提些小建议弱化他们的顾虑，那么客户就会更容易接受你的建议。

大讲堂 56

当客户抱怨"只有一个卫生间"时

小户型的空间相对紧凑，一般只有一个卫生间。对于这个问题，有的人认为无所谓，有的人则把其看做房子的一个缺陷。虽然这个缺陷对于大部分人而言都不是问题，但是当客户提出"只有一个卫生间"的抱怨时，我们同样不能忽视，要运用巧妙的语言来化解。

☒ 应避免的错误

1. "那没办法，这套房子就是只有一个卫生间。"

——这样相当于没有回答客户的问题，客户的异议仍旧存在。

2. "您一家三口，一个卫生间就够用了，双卫纯粹是浪费。"

——这样解释没有将一个卫生间所能带给客户的利益表述清楚，客户会认为你是为了把房子卖出去而随意敷衍他，缺乏足够的说服力。

3. "少个卫生间能省下不少钱呢。"

——从省钱的角度说服客户是个很好的做法，但是要注意表达方式，让客户真切地感受到你是在为他考虑。

客户提出异议时，我们千万不要急于否定和辩解，而是要先认同客户，降低客户的防备心理，然后提出可以弥补这个缺陷的方案或其他有利因素。

具体而言，当客户抱怨"只有一个卫生间"时，我们可以从以下三个方面来说服客户。

（1）省钱：帮客户计算出一个卫生间的总价钱，向客户表示与其多花十几万元在一个可有可无的卫生间上，还不如把这部分钱用在其他方面。

（2）省事：多个卫生间要多些装修费用，而且需要经常打扫，增添麻烦。

（3）没必要：一家三口没必要使用两个卫生间，现在也不会经常有客人串门，客卫一般派不上用场。

☑ 我们可以这样应对

客户："这个户型怎么只有一个卫生间啊？"

房地产销售人员："是的，这个户型只有一个卫生间。不过说起来，三口之家用一个卫生间足够了。您算算，一个卫生间5平方米，就算40000元／平方米，也要20万元。花20万元买个卫生间，您觉得值吗？还不如把这部分钱用在装修上。"

客户："有时候朋友来串门，一个卫生间就不太方便。"

房地产销售人员："您经常有朋友来串门吗？"

客户："偶尔。"

房地产销售人员："对啊，亲戚朋友都只是偶尔来串串门，客卫一般都派不上用场。"

客户："也是。"

房地产销售人员："还有，卫生间需要经常打扫，如果多出一个卫生间，您太太打扫起来又累又麻烦。所以，一个卫生间对您的家庭来说足够了，没必要多花几十万元在这里。"

❖ **点评**：数字是一个奇妙的东西，它可以从视觉或听觉上给人以强烈的刺激。作为房地产销售人员，我们要善于运用数字，有了具体数字的支持，我们的分析就更有分量，也更容易被客户接受。

第四章

别让价格成为绊脚石

大讲堂 57

当客户还没听房地产销售人员讲解就问价格时

很多客户还没听完房地产销售人员的楼盘推介，也没挑选到自己喜欢的户型，就开始心急火燎地询问价格："你们的房子一平方米多少钱？"面对这种直接询问价格的客户，房地产销售人员该如何应对呢？

☒ 应避免的错误

1."53000 元 / 平方米左右。"

——如果该价格超过客户购买预算或心理预期，客户可能会就此打退堂鼓。

2."请问您说的是哪一套？"

——客户对楼盘还不够了解，也没有已经看中的目标，更多时候只是想问个大概价格。

当客户还没了解我们的楼盘，更没有产生购买欲望时就询问价格，从好的方面来看，这可能意味着他们真的对我们楼盘有兴趣；从不利的方面来看，如果我们的报价超出客户的心理预期或购买预算，客户可能就会因此而打"退堂鼓"，或可能导致客户先入为主，觉得我们的房子根本不值这个价。

实践证明，当客户尚未产生购买兴趣前，无论报出怎样的价格，客户通常都会提出异议，这是客户的普遍反应。

当然，我们也不能对客户的询问置之不理。面对这种情况，最有效的处理方法是"迟缓法"，也就是"缓兵之计"，先将客户的注意力集中到楼盘本身，通过精彩的推介和讲解，让客户产生购买兴趣后再谈价格。

☑ 我们可以这样应对

客户："请问你们的单价多少？"

房地产销售人员："小姐，请问您怎么称呼？我姓陈，您叫我小陈就可以了。"

客户："我姓杨。"

房地产销售人员："杨小姐，您好！大多数客户都是一进售楼处都开始关注价格，这点我可以理解。但您真正的需求能否得到满足才是最关键的，我们楼盘不同的户型、不同的楼层和朝向都有不同的价格，让我详细给您介绍一下我们楼盘的情况，稍后您告诉我您喜欢哪一套房子，我再帮您查下价格，好吗？这边请，我们先看看项目的沙盘……"

❖ 点评：对客户急于询问价格的心情表示理解，继而引导客户说出自己对房子的具体需求。

大讲堂 58

当客户一听报价就脱口而出"太贵"时

在听完房地产销售人员的讲解之后，客户对楼盘有了兴趣，但是一听到价格可能就会立刻提出"太贵了""价格太高了""怎么这么贵"之类的异议。面对这种情况，房地产销售人员应该如何应对呢？

☒ 应避免的错误

1. "一分钱一分货，好房子当然不便宜啦！"

——这种说法虽然没错，但缺乏有力的证据支持，无法让客户打消议价的念头。

2. "这已经不算贵了，原来的价格比现在更高呢！"

——客户认为"贵"，是跟自己的心理预期比，而不是和之前的价格比。因此，这样的回答并没有消除客户"贵"的感觉。而且，客户听到原来更贵，会认为房价目前在降，或这个楼盘很可能是有什么问题才会降价，甚至会觉得以后可能降得更多，从而更加谨慎。

3. "这样的价格哪里贵？您看看这个区域其他楼盘的价格！"

——这种说法对客户不够礼貌，也太过冒险，应该在确定客户的购买意愿后再提出，否则只会激起客户对你的不满，令客户当场离去。

4. "那您觉得多少才不算贵呢？"

——面对客户议价等情况时，切忌使用反问口吻，这样容易让自己陷入价格谈判的被动局面。

5. "如果您觉得这个价格还贵，那在市区肯定买不到房子了，只能去郊区买了。"

——这样的回答谁听了都不痛快，客户会觉得你瞧不起他，认为他买不起市区的房子。

在听到报价后，很多客户脱口就是："太贵了吧？"

出现这种情况的可能性大致有两种：一是客户对当前的房地产市场缺乏了解，不知道行情；二是客户想要争取更大的议价空间。

出于正常的消费心理，每个人都希望能够购买到物有所值甚至物超所值的商品。即使他们已经产生了购买兴趣，但为了能尽量以最小的代价买到自己心仪的东西，他们还是会不厌其烦地进行最关键的一次交锋——议价。换句话说，抱怨价格过高已经成为消费者的一种习惯，而不管这个价格是不是真的高。所以，即使在楼盘各项条件都不错、价格也合理的情况下，客户依旧会对价格有所疑议，仍旧觉得会有一定的议价空间。

面对客户的价格异议，单纯地与他们争论价格是毫无意义的，更不能因为客户说太贵了就急于反驳，而是要向客户证明我们的楼盘值这个价格，让客户切实感受到"屋"有所值，这样自然就会促成交易。

☑ 我们可以这样应对

客户："小刘，1305这套一平方米多少钱？"

房地产销售人员："肖先生，您真有眼力，这个户型是我们所有户型中卖得最好的，现在只剩下13楼和9楼两套了。1305这套现在是56000元/平方米。"

客户："56000元/平方米？太贵了。"

房地产销售人员："肖先生，这种条件的房子卖这个价真不算贵。不说别的，单看这个户型，一进门就觉得敞亮、通透，您家里有两个孩子，住得舒服了，孩子的身心才能更健康。而且，我们小区对面就是幼儿园，150米外就是小学，接送方便，早上起码可以比别人多睡半个小时。睡眠对孩子太重要了，睡眠好了，孩子的心情就好；心情好了，吃饭就好，身体就好，上课也有精神，成绩自然就好。您觉得呢？"

❖ **点评**：任何客户在购房时都会抱怨价格高。但是很多时候，客户的这种抱怨跟价格本身并没有太大的关系，只能说抱怨价格高已经成为大多数客户的一种习惯。房子的优点、卖点可能有好几个，但真正能最吸引客户的一定就只有一个。只要找到了这一点，我们就可以激发客户的购买欲望，让他不再纠结于价格问题。

大讲堂 59
当客户拿其他楼盘与我们做比较时

对于普通百姓来说，购房绝对是一项重要的家庭决策，通常情况下整个家庭都会千挑万选、四处看房，经过仔细权衡比较后才能最终做出决定。为了能够在价格谈判中占据有利地位，在讨价还价的时候，他们就会拿出其他较低价格的楼盘来和我们的楼盘对比。当遇到这种情况时，房地产销售人员该怎样应对呢？

☒ 应避免的错误

1."那儿的房子能和我们比吗？根本不是一个档次的！"

——即使那个楼盘确实和你的楼盘不是一个档次的，你也不能用这种简单粗暴的语言回答客户。这样的回答会让客户觉得不舒服，而且有恶意诋毁对手的嫌疑，容易让客户对你产生不信任。

2."楼盘不一样，价钱自然也就不同了。"

——这样回答只是对事实的陈述，其实是默认了客户的说法，属于消极应对。

3."那您非要这样比较，我们也没办法。"

——这样回答更为消极，不仅没对客户的异议做出任何解释，而且会让客户觉得你根本不在意他的诉求。

货比三家是很多人的消费习惯，尤其是购房这种需要动用大笔资金的消费行为，客户一定是慎之又慎，通常不会只看一个楼盘就做出决定。为了以最实惠的价格买到心仪的房产，他们会在价格谈判时，拿目前房源的弱势和其他房源的优势进行比较。

遇到客户拿其他较低价格的楼盘与我们楼盘进行比较时，房地产销售人员应先肯定客户的眼光，然后巧妙地向客户传递自身楼盘的优势，从而使客户清楚多付出一点钱是值得的。

处理这种价格异议，我们可以借力打力，通过比较论证的方式，将"人无我有，人有我优"的利益点传达给客户，让客户清楚认识到我们这个楼盘所能够为他带来的利益，这样价格差异所带来的影响也就自然而然地变小了。其实，客户也都明白一分钱一分货的道理，只要我们能够从公正、客观的角度去分析问题，站在客户的立场上去考虑问题，客户还是会信任我们的专业看法的。

☑ 我们可以这样应对

客户："我们前天才看过××花园的一套房子，人家一平方米才45000元。"

房地产销售人员："孙小姐，您说得没错，××花园的房子的确比我们便宜。他们的价钱虽然低，但您看看，我们的户型结构和装修是不是更好呢？每一个细节都很到位，不浪费任何一寸空间。另外，我们的物业是全国最大的××物业管理公司，目前我们市最好的小区的物业管理也是这家公司做的。虽然贵了一点，但是不是很值得呢？"

❖ 点评：物有所值，是每个消费者的诉求。运用"价值强调法"，可以把楼盘的价值或关键卖点向客户说明清楚，让客户明白一分钱一分货的道理。

大讲堂60
当客户说"怎么又涨价"时

通常，楼盘开盘后，销售价格并非一成不变。在楼盘热销或楼市整体形势升温的时候，房地产开发企业经常会上调价格，以获取更高的利润。本来价格就不低，现在发现又涨价了，客户往往难以接受，就会提出"怎么又涨价了"。房地产销售人员应该如何应对这种异议呢？

☒ 应避免的错误

1."没办法，这是公司决定的。"

——这样回答等于没回答，客户肯定也知道调价是公司行为，而不可能是房地产销售人员的个人行为。

2."还好啦，也就涨了 1000 元。"

——这样敷衍的回答显然没有把客户的利益当回事，一个不为客户利益考虑的房地产销售人员是不会得到客户信任的。

购房属于大额消费，客户对房价的涨跌势必非常敏感。因此，当客户提出"怎么又涨价"这样的异议时，房地产销售人员首先要表示理解，同时向客户解释涨价的理由，再次强调楼盘的利益所在，促使客户尽快做出购买决定。

向客户解释涨价理由，其目的还是为了唤起客户的危机意识，促使客户尽快下定购买决心。这时，我们可以采用一些必要的销售手法，比如，列举一些以前买房客户的实例，让客户明白如果看到合适的房子不及时出手，将来不但要多花不少钱，而且还不一定买到合适的房子。

☑ 我们可以这样应对 1

客户："怎么又涨价了？我朋友上个月刚在你们这买了一套，单价才 38000 元 / 平方米啊。"

房地产销售人员："是啊，陈先生，最近楼市实在太火爆了，我们楼盘的涨幅算比较小了。上周 × × 小区每平方米直接上调了 3000 元！"

客户："太可怕了，这样下去哪里买得起房子！"

房地产销售人员："陈先生，您谦虚了，如果您都买不起房子，那我们连想都不敢想了。不过，陈先生，说真的，依照现在这行情来看，您看到好房子就得赶快出手。之前报纸上不是还说了这么一件事吗？有个客户在购房时犹豫了一下，回家考虑了一晚，结果第二天回到售楼处发现房价涨了，他看中的那个户型要多花几万元才能买到。这几年，这样的事情实在太多了，相信您也经常在报纸上、电视上看到这样的新闻。像我们这个楼盘，不但能就读名校，而且环境这么好，这样的价格已经算是便宜了。早上开会时听经理说，下个月可能还会再上调价格呢！"

客户："不会吧，下个月还要调价？"

房地产销售人员："按现在的市场情况看，调价很正常。陈先生，您刚刚看的三居这个户型很受欢迎，现在就剩下 11 楼和 5 楼的两套了。不要再犹豫了，我帮您计算一下首付款吧。您是准备贷款几成？"

❖ 点评：当客户就调价提出异议时，我们可以对客户的观点表示认同，同时向客户解释具体原因，并适当地营造热销氛围，促使客户尽快做出决定。

☑ **我们可以这样应对 2**

客户："怎么又涨价了？我朋友上个月刚在你们这买了一套，单价才 38000 元 / 平方米啊。"

房地产销售人员："陈先生，您确定您朋友买的是我们楼盘吗？我们的开盘价就是 39800 元 / 平方米。"

客户："应该是吧，我记得他和我说也是买了这个片区的。"（客户表现出不确定）

房地产销售人员："陈先生，您朋友会不会说的是马路对面那边的 ×× 雅苑呢？那个楼盘的房价确实比较低，大概就是 38000 元 / 平方米。"

客户："哦，那有可能，看房太多了，有时候会把几个楼盘搞混。"

房地产销售人员："是啊，现在我们这一带的楼盘，就××雅苑最便宜了。那边的房子之所以卖得比较便宜，是因为那边不属于外国语小学的划片招生范围，住那里的话只能读第三小学。您也知道，第三小学和外国语小学可是差了太多了。"

❖ 点评：客户所说的不一定是事实，有时候是他们的一种谈判策略。但即使客户说的不是事实，我们也不能直接驳斥客户说"你错了"，而是应该委婉地予以指出，给客户一个台阶下。

大讲堂 61

当客户说"政府在调控，房价要跌"时

最近几年，国家一直在出台房地产调控政策。面对这种情况，有些购房者就会以此为由，要求给予更大的折扣。对此，房地产销售人员该如何应对呢？

☒ 应避免的错误

1. "那你就等到降价的时候再买吧。"

——这种回答有点与客户赌气的嫌疑，除了会引起客户的不满，对处理异议于事无补。

2. "就现在这个趋势来看，这几年的房价只会涨不会跌的。"

——房价的涨跌都是常态，如此轻易下结论，一来没有真凭实据客户不会相信你，二来如果将来真降价了，客户会怪罪于你。

为了控制房价过快上涨，这几年中央及地方政府出台了许多调控措施。在这种情况下，很多客户就会有"国家出台调控政策，房价要跌了"的心理。其实，有这种想法是非常正常的，在购房的时候很多客户也因此而犹豫不决或直接要求我们给予更多的折扣，毕竟大家都怕买贵了不划算。

但是，我们不能因为理解就放弃这个客户，而应引导客户，让客户明白此时买房是适宜的，买我们的楼盘是值得的。同时，在说服客户的时候，我们可以举一些有代表性的例子，引导客户尽快做出购买决定。

☑ 我们可以这样应对

客户："现在国家不断出台调控政策，房价要跌了，你们很快也会降价的。"

房地产销售人员："陈先生，说实话，我也盼着房价能降下来。现在的房价确实不便宜，可是就像一些专家分析的那样，我们这样的一线城市，土地就那么点儿，而人口一直在增长，每年都有大量的毕业生进入社会，刚需非常大，怎么会降价呢？刚刚那个签约的客户，其实从 6 月份就开始看房了，之前他也一直觉得房价会跌，就决定再等等看，结果现在同样一套房子多花二十几万元，他现在都后悔死了。"

❖ 点评：未来的房价涨跌谁也不知道，别一听到客户说"国家出台调控政策，房价要跌了"就去嘲笑客户，而应该对客户的想法表示理解，再通过列举法让客户认可你的观点。

大讲堂 62

当客户说"上个月不是打 95 折吗，怎么现在没折扣了"时

当人们有购房打算时，就会密切关注当地的房地产行情，然后找出几个目标楼盘，收集目标楼盘的广告宣传与销售信息。当销售进入价格谈判环节时，客户就会以楼盘销售以来曾经给出的最大优惠折扣为参照，要求我们现在也给出同样的折扣。对此我们房地产销售人员要怎么向客户解释，并让其接受呢？

☒ 应避免的错误

1. "这我不清楚，反正现在是没有折扣了。"

——这是非常消极的回答，无法让客户满意。

2. "不可能，我们从来没有给过这么低的折扣！"

——客户可能确实只是随口一说，但你这样回答等于对客户赤裸裸的质疑和否定，会让客户心生不满。

3. "这就没办法了，我们公司国庆节期间确实推出了几套特价房，谁让你当时不买呢！"

——节假日做活动有特价是正常的，问题在于你的说话语气和口吻会让客户听起来非常不舒服。

为了促进销售，房地产开发企业会经常在节假日举行一些促销活动，在价格上确实有些优惠。当客户就此提出异议时，我们应积极地与客户进行沟通，把之前优惠的原因告诉客户，比如是开盘特价还是节日促销，又或者是有附加条件的折扣。

在双方就此问题僵持不下时，我们可以列举一些身边的实例。例如，"有位客户认识我们公司经理，多次找经理协商，也没能拿到特别优惠"，以此打消客户想得到更多优惠的念头。当客户有所动摇的时候，我们就要趁热打铁，告诉客户现在不购买可能会发生的损失，如折扣降低、折扣取消、户型紧俏等，让其产生紧张感，尽快做出购买决定。

☑ 我们可以这样应对

客户："上个月不是打 95 折吗，怎么现在都没折扣了？"

房地产销售人员："95 折？陈先生，不好意思，您可能记错了，95 折只有三个月前我们刚开盘时候给过，之后我们就再也没有过这种折扣了。"

客户："既然你们以前 95 折能卖，那这次也按 95 折的优惠给我吧，反正你们照样能赚钱。"

房地产销售人员："陈先生，如果能为您争取到优惠，我肯定会帮您争取的，就算您不提，我也会主动告诉您的。但是，真的很遗憾，95 折是开盘时期的特价，现在我们都没有折扣了。我们公司在这方面的管理是非常严格的。有个客户是我们经理的朋友，来找了经理很多次，也没能拿到折扣。"

客户："……"（客户沉默，动摇了）

房地产销售人员："陈先生，俗话说'机不可失，失不再来'，既然您对我们楼盘满意，我建议您还是抓紧时间买吧。我们楼盘的销售情况非常好，成交量一直在上升，如果您不早点买，没准过不了多久还会提价呢，那才是真的损失！上周旁边那个楼盘刚涨了 500 元／平方米！"

❖ **点评**：要想让客户放弃不合理的要求，最好的办法就是积极沟通，让客户明白不同阶段给出不同折扣的原因，同时辅以实际案例，来增强自己所说内容的可信度。

大讲堂 63

当客户说"我再等等，国庆节说不定有促销活动"时

通常情况下，重大节假日如国庆节、元旦等是开发商搞促销活动以吸引购房者的大好时机，购房者也会抓住这个时间看房、买房。但也正是因为这些促销优惠活动的影响，客户在平日即使看到满意的房子可能也不会立刻购买，都想等到节假日搞促销活动的时候再来买，希望多得到一些优惠。如果房地产销售人员不抓住客户购买意向强烈的时机促成交易，难保客户不会改变主意。

☒ 应避免的错误

1."其实现在也有优惠，我可以给您 97 折。"

——太容易拿到的折扣反倒会让客户觉得还有更大的砍价空间，这样主动让价的行为会让房地产销售人员过早地陷入与客户讨价还价的被动局面，更无益于化解客户的异议。

2."您还是别等了，我们国庆节不会有什么优惠活动的。"

——这样的回应一定要建立在事实求是的基础之上，也就是说国庆节确实不会推出任何优惠活动，否则只会失信于客户。

对于具备购买意向和购买力的客户来说，由于害怕在自己购买之后开发商推出更低的折扣或促销活动，损害了自己的利益，持币待购是非常正常的现象，尤其是在临近重大节假日的时候。这就好比有些消费者去商场买衣服一样，就算什么都满意也总是想等到打折的时候再来买。

对于客户的这种想法，我们首先要表示理解。在说服客户的时候，我们要记得别把重点放在价格优惠上面，而是放在对方的利益点上，表示现

在购买对他是最有利的，同时告诉客户等到国庆节的时候再买可能会发生的损失，如"看中的户型很可能被其他客户买走"或"现在可以为其争取一定的折扣，国庆节有没有促销活动还是个未知数"，也可以列举一个事例，比如某个客户曾经因此错过机会而感到遗憾等，目的是让客户产生紧张感，尽快做出购买决定。

当然，如果碰上一些较为执着的客户，一定要等到国庆节的时候再来买，我们也不能强人所难，应表示国庆节的时候如果有促销活动会第一时间通知其前来。

☑ 我们可以这样应对 1

客户："我再等等，国庆节说不定会有促销活动。"

房地产销售人员："陈先生，您也知道我们楼盘的配套设施比较完善，规划设计也比较好，受到很多购房者的关注，现在购房的客户很多，而每套房子的户型、朝向、楼层都有区别，您看中的这套房子条件这么好，其他客户很容易就会看中。如果人家满意了可能就立刻购买了，您等到国庆节再来就只能后悔了！"

客户："再过一个半月就国庆节了，没这么快卖出去的。"

房地产销售人员："陈先生，这完全不是我在危言耸听。之前我有位客户王先生的想法和您一样，想等着楼盘有促销活动的时候再来买，但是不到一个星期，他看中的那套三室二厅的房子就被另一位客户买走了，最后他非常后悔。"

❖ **点评**：房地产销售人员与客户之间的沟通，说到底就是一场斗智斗勇的心理战。客户期盼着国庆节有优惠活动，房地产销售人员就要将当前利益的不可复制性和未来因素的不可预知性分析给客户，当感受到客户的犹豫时，一定不要忘记踢好"临门一脚"，运用一些案例引导客户快速做出决定。

☑ 我们可以这样应对 2

客户："还是再等等看吧，国庆节说不定会有促销活动。"

房地产销售人员："刘先生，也难怪您会这么想，如今很多楼盘在元旦、国庆节这样的节假日都会举行促销活动。但我们楼盘因为建筑质量好，价格又非常合理，房子卖得非常快。前天开会的时候，老总还告诉我们可能过段时间要涨价。照这趋势，我们楼盘国庆节搞促销活动的概率不大，即便有活动也不会有太大的降价幅度。"

客户："别人都做活动，你们为什么不做？"

房地产销售人员："刘先生，您别急，我并不是说不会有活动，只是说即便有活动，降价的幅度也不大。而且您要知道，房子和衣服不一样，您看中的房子卖出去了，就很难再找到一套一模一样的了。因为那么一点点可能存在也可能不存在的优惠，就要承受中意的房子被抢走的风险，您认为值得吗？何况如果您现在购买，我还能特别赠送您一些精美礼品，相信您会喜欢，也用得着。"

❖ 点评：有些客户对房地产销售人员的任何解释都会抱有几分怀疑，适时地抛出一些可以立即兑现的小优惠，不光可以使客户看到你对他的重视，也更容易让客户快速做出决定。

大讲堂 64

当客户说"我都来那么多趟了，你再优惠点"时

"你也知道，我都来很多次了，我的家人对房子也挺满意，再优惠些，我就买了。"客户为了获得一些折扣，往往会不厌其烦地讨价还价，还会

发动情感攻势，表示自己购买的诚意。面对客户的这种请求，房地产销售人员应该怎么应对呢？

☒ 应避免的错误

1."既然您这么有诚意，与其这么跑来跑去，不如定下来算了，这已经是我们最优惠的价格了。"

——这样回答过于平淡，难以促使客户马上做出购买决定。

2."如果可以便宜点，我早就卖给您了，没必要拖到现在。"

——这种回答只是告诉客户确实没办法再优惠了，但没有让客户感受到你的积极主动，也没有让客户感觉自己受到足够的重视。客户可能会认为你根本没有为他多争取些利益。

3."您想优惠多少？"

——这种开放式的问句会给客户"还有更大砍价空间"的误导。尤其是在你无法让步的情况下，会让双方陷入讨价还价的怪圈，阻碍销售的进程。

客户会这样说的原因不外乎两点：一是真的想买房，但由于手头紧张，所以想尽量争取一些优惠；二是故意这么说，和房地产销售人员套近乎，目的是想知道价格究竟还有没有下降的空间，不希望自己的利益受损。

有些客户为了获得一些折扣，会不厌其烦地与我们讨价还价。房地产销售人员应该理解客户的这种心态和行为，不能表现出不耐烦的样子，重要的是想办法打消客户要折扣的想法。

如果公司有统一的价格折扣，已经没有让价的空间，我们也没必要一口回绝客户，可以表示愿意帮对方向领导争取，这样无形中增加了客户对我们的好感。就算最终没有拿到折扣，客户也会认为我们足够热情和友好。如果直接拒绝客户，很可能把双方关系搞僵，不利于下一步的沟通。

　　如果此时还有一定的让价空间，我们也不要一次性亮出底牌，这样会让客户觉得还有更大的降价空间。

☑ 我们可以这样应对 1

（没有让价空间）

　　客户："我都来那么多趟了，是很有诚意的，你再给点优惠！"

　　房地产销售人员："陈先生，我知道您很有诚意。但很抱歉，我们公司的价格制度非常严格，此次规定的统一折扣就是 98 折，我们房地产销售人员是没有权力降价的。要不这样吧，如果您确实想要，我就帮您去经理那儿申请一下，看能不能拿到一些折扣。但我得先向您说清楚，我只能尽力争取，并不一定能拿到折扣，如果拿不到，您可别怪我啊。"

　　客户："不会的，怎么能怪你呢！"

　　（过了一段时间，从经理室出来）

　　房地产销售人员："陈先生，十分抱歉，我们经理说了，这是公司统一的折扣价，没办法再便宜了。但他表示可以额外送您一些礼品，您看怎么样？"

　　❖ 点评：有时候，客户在意的可能并不是具体能优惠多少，而是你对他是否重视。本案例中，在没有让价空间的情况下，房地产销售人员仍努力为客户争取利益，即使客户的价格要求未被满足，心里却已满怀感激，自然也就不会再过于纠缠价格。

☑ 我们可以这样应对 2

（有一定的让价空间）

　　客户："我都来那么多趟了，是很有诚意的，你再给点优惠！"

　　房地产销售人员："王先生，我也知道您很有诚意，但是我们公司有严格的价格制度，我们这些房地产销售人员是不能随意改动价格的。公司规定给客户的优惠都是 98 折，您看中的这套房子折后价是 3970130 元。"

客户："396 万元，可以的话我立刻就买。"

房地产销售人员："对不起，王先生，我权力有限，不能自己做主。我看您来了这么多趟，的确非常想买，这样吧，如果您能马上付定金，我可以向经理请示，努力给您争取一下。"

客户："你去请示就好了，为什么要马上付定金？"

房地产销售人员："王先生，如果每位客户都让我去向领导要折扣，结果要来折扣又不买了，领导一定会怀疑我的能力。而且据我观察，经理从没有在客户未交定金的情况下给过折扣，如果您真的有诚意买，就先付定金，让我有理由向领导申请折扣，您看怎么样？"

❖ 点评：即使有一定的让价空间，我们也不要一次性向客户亮出底牌，这样客户会觉得还有很大的讨价还价的空间。

大讲堂 65

当客户说"打 95 折，我就马上交定金"时

客户对楼盘的品质以及所选户型都很满意，可是希望能打个 95 折，并表示如果给他这个折扣他就马上付定金。房地产销售人员面对这种情况时应该怎么办呢？

❌ 应避免的错误

1."对不起，这是公司规定，我也爱莫能助。"

——房地产销售人员的工作基本都是跟人打交道，所以一定要注意说话的语气。这种回答显得太过生硬，听起来完全没有人情味，容易引起客户的

不满。

2.“很抱歉，98 折已经是我们的最大优惠了。”

——话虽然说得还算委婉，但没有给客户留下任何期望，容易伤害客户的购买积极性。

3.“既然您对我们楼盘很满意，又何必计较这点折扣呢？”

——这话其实说得很实在，但是客户很容易理解成你认定他会买这套房子才一点儿折扣也不给，从而产生逆反情绪，这对踢好成交的“临门一脚”非常不利。

假如一套 100 平方米的房子原价是 50000 元 / 平方米，公司给出的折扣是 98 折，折后价即 490 万元；如果客户能争取到 95 折，那么折后价就是 475 万元，两者对比整整相差了 15 万元。一点点折扣的差距就是几万元，甚至几十万元，任谁都会极力争取的。

面对此类要求折扣的客户，在无法满足其折扣要求的情况下，我们要先稳住对方。如果“硬碰硬”地直接拒绝，客户有可能会放弃购买。在砍价时，客户一般只会专注于价格。这时我们就需要调动客户的情绪，激发客户对买房后美好生活的想象，转移客户的注意力。当客户被说动之后，我们可以再次强调公司严谨的价格制度，表示那些正规的、管理规范的、注重公司形象的企业在价格方面都是严格和透明的，没有那么多的猫腻。这样不仅断绝了客户想继续要折扣的念头，还向客户传递了公司的正面形象。最后，在公司政策允许的情况下，我们还可以从其他方面给予客户一点补偿，比如赠送礼品、免除一定期限的物业费、参加抽奖活动等，让客户的心理得到平衡，那么这笔交易就会水到渠成了。

☑ 我们可以这样应对 1

客户：“给我打个 95 折，我就付定金了。”

房地产销售人员："陈先生，您现在对我们楼盘的情况已经非常了解，也清楚我们楼盘的建筑质量和品质。如果您住在这里，您的小孩可以在附近的实验小学上学，您或您的妻子下班后便可以直接去接孩子放学，一点儿也不耽误时间，多方便啊。"

客户："这些我都知道，所以才看中了你们楼盘，你就帮我争取下，看能不能打个 95 折。"

房地产销售人员："陈先生，能帮您争取我肯定会尽力去争取。您是公司领导，应该清楚我们这些一线销售人员对价格是没有决定权的。而且我们公司非常注重形象和信誉，有严格的价格制度，对所有客户都一视同仁，这也是为了保证客户的利益。如果给您 95 折，给别人 9 折，是不是对您也不公平呢？"

❖ **点评**：房地产销售人员面对客户的折扣要求，要避免直接拒绝或硬碰硬，这样只会让客户产生逆反情绪，对最终的成交无益。

☑ 我们可以这样应对 2

客户："给我打个 95 折，我就付定金了。"

房地产销售人员："陈先生，您也看到了，我们楼盘不仅建筑质量有保证，而且位于市政规划区内，未来的升值潜力巨大。可以这么说，我们的价格在同等规模、档次的楼盘中是最实在的了。可能有些楼盘的价格水分大，留了很大的空间让客户去讨价还价，能要多少折扣全看客户会不会砍价，但我们公司绝不是这样的。"

客户："做生意不能太死板，不管多少，给一点折扣就行。"（客户让步）

房地产销售人员："陈先生，我知道您是个非常爽快的人，我很喜欢同您这样的客户谈生意。但我不能违反公司的制度，要对所有的客户公平。这样吧，我们公司前些时候做促销活动时剩余一些礼品，等您签约了，我向经理申请送给您一份。那礼物很不错的，您的太太一定会喜欢。您看怎么样？"

❖ 点评：小礼品的作用不容小觑，它可能价值不高，但代表了你对客户的重视和尊重。同时，我们还要给领取小礼品设定一定的门槛，让客户觉得这是房地产销售人员努力为其谋求利益的结果。

大讲堂 66

当客户说"你们价格太高了，我买不起"时

通常来说，只要客户提出价格异议，就说明他已经对楼盘产生了一定的兴趣，否则就不会进入到价格谈判这一环节。客户对楼盘满意，但是对价格不满意，这种情况在售楼活动中很常见，对此房地产销售人员要如何应对呢？

☒ 应避免的错误

1."不会吧，这个价格已经很低了。"

——这种回答会给客户很大的遐想空间，让他认为价格还可以谈。

2."这是公司统一规定的最低价，不能再便宜了。"

——这种回答不仅无法化解客户对价格的异议，客户还会继续跟你讨价还价。

3."要不您看看面积小一点的户型？"

——这种回答有点轻视客户的意思，容易引发客户的不满，等于在给自己制造销售障碍。

当客户提出"总价超出预算"或"买不起"的时候，我们可不能盲目相信，而是要想办法摸清客户的真实底细：客户是真的没有足够的支付能力，还是对楼盘有疑问或有不满意的地方，或者只是为了要更多折扣而找的借口。如今很多购房者都是砍价高手，我们一不留神很可能就会被客户的话套住，从而在价格谈判中处于被动地位。

针对不同的情况，我们可以采取不同的应对策略。如果客户没有足够的支付能力，那么我们可以建议客户选择按揭方式付款，缓解客户目前的经济压力和心理压力；如果客户对楼盘有疑问或有不满意的地方，那么我们就要通过具体询问消除客户的疑虑；如果客户是打算要更多折扣，那么我们就要根据公司的价格制度灵活应对。

☑ 我们可以这样应对

客户："你们的价格太高了，总价超出了我的预算。"

房地产销售人员："王小姐，之前我也向您介绍过了，这个区域的发展前景很好，未来有很大的升值空间。您现在买下来，几年后房价可能就会翻一番了。"

客户："房子是不错，但总价真的太高了。"

房地产销售人员："王小姐，按照目前的市场行情来看，这个价格真的不算贵了。您听我给您算一下：总价 300 万元的房子，您首付 100 万元的话，每月只要还 10000 元左右。您一家三口租个三室二厅，房租每月至少也要 8000 元吧。只要多花一点点钱，就能拥有属于自己的房子，还能为孩子争取一个更好的生活和学习环境，何乐而不为呢？"

❖ **点评**：嫌货才是买货人，客户开始跟你讨价还价就说明他对房子本身还是满意的，所以房地产销售人员千万不可在这个时候轻易地打退堂鼓。有经验的房地产销售人员会用"摊销法"来分解房子的总价：平均每月的还款支出与房租基本持平，却可以拥有自己的房子。这笔账一算明白，客户就很容易下定决心买这套房子了。

大讲堂 67

当客户说"边上项目打 97 折"时

一些较为精明的客户如果看准了目标楼盘，平时除了会收集意向楼盘的资料外，还会专门收集该楼盘竞争对手或附近楼盘的详细资料。在价格谈判时，客户就会以此为借口向房地产销售人员提出异议，比如"边上××楼盘能打 97 折，赠品也比你们丰富"，希望房地产销售人员主动让价，以此来获得更多的优惠。面对这种情况，我们该如何应对呢？

❎ 应避免的错误

1."其实赠品不重要，关键还是楼盘品质要好。"

——话虽然说得没错，但是却会让客户认为你在说他是个贪图蝇头小利的人，这样容易给自己的销售制造不必要的障碍。

2."现在很多楼盘都是抬高价格后再打折，忽悠你们的。"

——这样回答一方面有诋毁竞争对手的嫌疑，另一方面也容易让客户误认为你觉得他是个"冤大头"。

3."我们的价格比较实在，折扣自然比较少。"

——没有具体的数据或事例来做支撑，这样说容易让客户误认为你是为了搪塞他而随意忽悠。

有些客户为了获得更多的谈判砝码，通常会故意拿竞争对手的优势和我们楼盘的劣势做对比。比如到了价格谈判这一环节，为了获得更多的优惠，客户经常会提出竞争对手的折扣力度比我们大这种异议。

　　面对客户的此类异议，我们一定不要急着诋毁对手，而是要先冷静下来，以同理心去理解客户的心情，安抚客户的情绪。之后，我们再客观地分析竞争楼盘的优缺点，顺势把客户关注的焦点转移到本楼盘的优势上，强调楼盘的高性价比。

☑ 我们可以这样应对 1

　　客户："对面 ×× 楼盘打 97 折，赠品也比你们丰富。"

　　房地产销售人员："这个我知道，很多客户也向我们反映过，但在听了我们的解释之后，大家又都选择买我们的房子了。"

　　客户："为什么呢？"

　　房地产销售人员："×× 楼盘虽说打 97 折，但是它的均价是 36000 元 / 平方米，足足比我们高出 3000 元 / 平方米。就算打 97 折，打完折后也是 34920 元 / 平方米，照样比我们的价格高。"

　　客户："可是那个楼盘的规模比较大，开发商比较有实力。"

　　房地产销售人员："是的，×× 楼盘的规模比我们大，开发商也比较有实力。但是，我们两个楼盘的地段、周边环境和配套都一样，外部条件是没有差别的。我们楼盘的建筑品质您也看到了，小区的绿化率达到 40%，容积率还不到 2，住在这里肯定非常舒适，我想这也是您选择我们楼盘的原因。"

　　❖ **点评**：数字相比文字更直观、更有力，它是房地产销售人员的好帮手。面对客户的各种疑虑，只要你对自己的房子有信心，具体数字一摆出来，问题就会迎刃而解。

☑ 我们可以这样应对 2

客户："对面 × × 楼盘打 97 折，赠品也比你们丰富。"

房地产销售人员："王先生，听说他们送液晶电视、电冰箱、微波炉之类的电器，是吧？关于赠品这个问题，我们公司也正在调整，希望能赠送一些对客户有用的东西，还希望您能给点意见。"

客户："赠品倒不是大问题，但他们打 97 折，你们怎么才打 99 折？"

房地产销售人员："我们楼盘因为地段优越，建筑品质有保证，能够按时按期交房，所以销售状况非常好。当然了，主要还是因为我们的价格是实实在在的，没有什么水分。平时我们楼盘连 99 折的优惠也没有，这次是因为恰逢节假日，我们公司为回馈广大客户而举办的此次优惠活动。"

❖ **点评**：买房是大事，客户为了能争取到更实惠的价格，总会拿其他楼盘的优势来跟我们楼盘的劣势作对比。这个时候，房地产销售人员一定要善于引导，将客户的关注点转到楼盘的优势上去，这样才能促使客户更快地做出购买决定。

大讲堂 68
当客户说"你们不是大开发商"时

日常生活中，人们在买汽车、买衣服、买食品时，为了更放心或"有面子"，会选择大品牌，买房时也是一样。因此，在价格谈判中，客户常常会以房地产开发企业的知名度不高、项目没有名气为理由，希望房地产销售人员能够主动让价。面对客户的此种异议，我们要如何应对呢？

☒ 应避免的错误

1. "不会吧，我们的价格不高啊。"

——这种回答没有提供具体的证明或有力的说法作为支持，根本无法消除客户的异议。

2. "大开发商的楼盘并不一定都是好的，我们的品质也非常好。"

——品牌一般而言就意味着信誉、实力和质量，这种应对方法有诋毁竞争对手的嫌疑，会降低客户对你的信任度。

国内某知名网站曾做过一次调查，结果显示，有将近 80% 的购房者更倾向于购买品牌开发商开发的楼盘。如果楼盘或开发商没有任何知名度，那么客户就会怀疑开发商的实力和楼盘的品质，尤其是在进行价格谈判的时候，他们会以品牌知名度不高为由讨价还价。

面对客户的这种异议，我们应首先肯定对方意见中正确的部分，与客户产生共鸣，再借机表达自己不同的看法。我们可以向客户表示，正因为知名度不高，我们为打开市场会更加注重房屋的质量和项目的特色。而且相较于品牌开发商，我们的价格更合理，在性价比方面有一定的优势。最后，我们还可以利用利益强调法，突出楼盘未来的升值潜力和发展前景，让客户觉得购买我们楼盘是最好的选择。

☑ 我们可以这样应对 1

客户："你们又不是品牌开发商，价格还那么高！"

房地产销售人员："您说得对，我们的知名度确实比不上万科、恒大这样的大品牌，但正因为目前知名度不高，为了打开市场、树立口碑，我们更加注重房屋的建筑质量和项目的整体特色。为此，我们特意聘请了全国知名的建筑师来操刀设计，图纸经过反复修改才最终确定下来。"

（把客户引至沙盘）

房地产销售人员："现代人工作繁忙、精神紧张，为了舒缓人们的压力，我们建筑师特地到宜居的北欧进行了考察。您看，我们楼盘的建筑风格、建筑细节、景观绿地等处处都散发着北欧风情，这种设计理念和设计风格在国内还是很少见的。大品牌开发企业好是好，但是他们的价格一般也相对更高。我们楼盘的价格就相对更加实在，只要品质有保证，为什么一定要选择更贵的楼盘呢，您说是吧？"

❖ **点评：**如果楼盘在品牌知名度方面不占优势，我们就应该及时把客户的注意力转移到项目优势上去。客户买房子，最看重的还是房子的质量、小区的配套等，房地产销售人员可以用"田忌赛马"的方法，将自己楼盘的优势呈现在客户面前，这样也就自然弱化了客户对品牌的关注度。

☑ 我们可以这样应对 2

客户："你们又不是品牌开发商，价格还那么高。"

房地产销售人员："是的，正如您所说，我们品牌的知名度的确不是很高，那是因为我们没有在广告宣传上投入太多。我们老板是个非常低调的人，他把大部分资金都用在楼盘建设上了。他一直告诉我们，让业主住得满意、住得舒心，才是我们最大的追求目标。"

客户："可是宣传很重要啊，你看那些报纸、户外广告上都是其他开发商的广告。"

房地产销售人员："开发企业把大笔资金投放在广告上，其实最终买单的还是买房的人，您说是吧？我们减少广告投放，就是为了节约不必要的成本支出，把钱花在刀刃上，让客户的钱都花在自己买的房子上。所以我们的价格是实实在在的，没有一点水分。"

❖ **点评：**对客户观点的适度认同可以拉近房地产销售人员与客户之间的距离，这样一来，客户就更容易接受你的分析或建议了。

大讲堂 69

当客户说"老客户了，多打点折吧"时

做销售的人都知道，老客户是公司最有价值的资产之一，是企业产品或服务良好口碑的主要传播者。因此，开发商一般对老客户都有优惠政策。但是，有些老客户也很容易以此为理由，要求得到超出正常范围的折扣，房地产销售人员怎样才能打消他们不断砍价的念头呢？

❎ 应避免的错误

1. "没办法，如果可以，我早就给您优惠了。"

——这样苍白无力的回答会让老客户误认为你根本就不愿为他的利益做任何努力，客户可能会转身去找其他处事灵活的房地产销售人员。

2. "既然是老客户，那您应该知道我们公司是不讲价的，我给您的已经是最优惠的价格了。"

——这种说法与第一种类似，面对老客户，只言片语是难以劝服他们的。

3. "您还想要多少优惠？"

——这种反问句式容易提高客户对优惠的期望值，认为有很大的让价空间，从而使房地产销售人员接下来的谈判变得更为被动。

很多房地产销售人员认为和老客户的交易会比新客户轻松很多，可以在过去良好交流的基础上用更少的成本完成交易。事实上，相比新客户，接待老客户只是在产品介绍阶段有一定的优势，但在价格谈判阶段，老客户比新客户更难"缠"，因为他们更懂得如何控制谈判节奏、调整交易砝码。最终的结果往往是你付出了更多的时间和精力，却以更低的价格售出了同样的产品。

在同老客户进行价格谈判时，我们一定要打消他们的砍价念头，否则我们轻易让步给出 99 折，他可能要求给 97 折或 95 折，这样就会让自己处于非常被动的地位。对于购买几套房子的老客户，我们可以把他们介绍给公司经理或领导认识，让客户感觉很受尊重、很有面子，从而成为我们忠实的客户。

☑ 我们可以这样应对 1

客户："我是你们的老客户了，多打点折吧。"

房地产销售人员："王先生，我当然知道您是我们的老客户了，正因为这样，所以我刚才告诉您的就已经是老客户的优惠价了，其他客户最多只享受 98 折的优惠，不信您可以去问问。"

客户："小陈，上次来也是你接待我，你也知道我快人快语，你就实在点，告诉我可以帮我申请到什么折扣？"

房地产销售人员："如果您确定就要这套，我可以向领导争取一下，看能不能帮您多要点优惠。"

客户："我钱都带来了，只要价格满意，可以立马买。"

❖ 点评：其实，老客户要的并不是具体多少优惠，而是"比别人多"的优惠，这样才能让他的心里有满足感。

☑ 我们可以这样应对 2

客户："我是你们的老客户了，多打点折吧。"

房地产销售人员："张先生，您是我们的老客户了，那您也知道，我们楼盘的价格都非常实在，而且环境、建筑质量都没得说，这也是吸引您再次光顾的原因，对吧？我刚才告诉您的已经是老客户特享的折扣价了，其他客户只会赠送礼品或物业费，是不可能拿到这个折扣的。"

客户："我都买第三套了，不会连一点优惠都没有吧？"

房地产销售人员："如果您能确定就要这一套，我可以介绍您跟我们经理谈，看看他能不能给您额外的优惠，但是我不能保证您一定能够拿得到，您看怎么样？"

❖ 点评：有时候，将老客户顺势介绍给自己的上司是一个非常明智的做法：一方面可以让客户感觉到你尽了最大的努力去帮他；另一方面也体现了你对老客户的尊重。

大讲堂70
当客户说"我是老客户介绍来的"时

除了老客户会凭借自己的身份要求多打点折，老客户介绍来的客户也经常会以此为由要求多给点优惠。对于客户的这个要求，我们是该答应，还是不答应呢？

☒ 应避免的错误

1."没办法，我们的价格都是公司统一规定的。"

——这样冷冰冰地直接拒绝会让客户心生不满，客户很可能另觅其他处事灵活的房地产销售人员。

2."对不起，98折已经是最低折扣了，就是老客户再过来买也都是一样的！"

——这样回答等于告诉客户"老客户来都不会有更多的优惠，新客户就更别想了"，不仅新客户听了会觉得你们公司缺少人情味，而且老客户听了也会因为感到"没有面子"而气愤不已。

3."那您希望优惠多少？"

——这种反问式的回答会让客户对折扣的期望值无限扩大，容易使你自己深陷一再被客户压价的被动境地。

从营销学的角度来看，新客户的开发成本是老客户维护成本的数倍。因此，"老带新"这种销售渠道越来越受到开发企业的青睐和重视。

对于老客户介绍过来的新客户，我们要热情周到，给予特别的尊重，并不时感谢老客户的支持。当客户以自己是老客户介绍来的为由要求享受优惠时，在情况允许的条件下，我们可以为其争取一些折扣或优惠。这样一来，不但新客户满意，老客户以后可能也会介绍其他朋友前来，为我们带来更多的客户。对于房地产销售人员来说，这种良性循环是非常有利的。

☑ 我们可以这样应对

客户："我是你们老客户介绍过来的，可以优惠多少？"

房地产销售人员："张先生，非常感谢您的信赖和支持，既然是老客户介绍过来的，我肯定会给您最优惠的价格。请问是哪位先生或小姐介绍您过来的？我们要做好登记，您购买后，我们会赠送他一份精美礼品作为他给我们介绍客户的回报。"

客户："他前两个月才买的，叫……我可以优惠多少？"（证实有此客户）

房地产销售人员："张先生，本来您看中的这套房子是目前最热销的户型，价格上是没有优惠的。但因为您是老客户介绍过来的，我会向经理申请额外赠送您一年的物业费。"

客户："这也叫优惠？你们就这么对待老客户介绍来的客户啊？"

房地产销售人员："张先生，您先别急，介绍您来的那位邓先生应该向您介绍过我们楼盘，相信您也是对我们楼盘很满意才坐在这里的，对吧？这样吧，如果您真的有诚意购买，现在就能付定金的话，我这就去向我们领导请示，看是否能为您争取一点折扣。"

❖ 点评：老客户介绍来新客户，房地产销售人员一定要在新客户面前表示出对老客户的充分感谢，同时也要让新客户感觉到，正是因为老客户介绍来的才会给其特别的优惠，一般人是拿不到这个折扣的。有了比较，客户的心理才能得到满足，你的销售过程也才能更加顺利。

大讲堂 71

当客户说"肯定还有优惠空间"时

有些房地产销售人员为了尽快促成交易，让价太过于爽快，一下子就亮出折扣的底线。如此一来，不少客户就会认为你既然一下就能申请到 98 折，让价幅度如此大，说明"价格水分"肯定不小，那么客户就会继续砍价，希望能多挤出一点儿"水分"。面对客户的这种要求，房地产销售人员要怎么应对呢？

☒ 应避免的错误

1. "我给您的已经是底价，不能再低了。"

——给客户折扣时一定不能太快，否则只会让客户误认为还有更大的让价空间，容易使双方陷入价格谈判的僵局之中。

2. "您这不是得寸进尺吗？"

——这样反问明显是对客户不够尊重。

3. "这怎么可能，不可能少那么多！"

——这种说法又给了客户遐想——"不可能少那么多"的意思就是还能少，客户砍价的念头就更足了，你将陷入新一轮的价格大战之中。

同样给予98折的优惠，有些客户心里会很舒服，认为自己得到了足够的实惠，即使事实上这个价格并不是最低的；而有些客户则会心里不痛快，觉得你给的优惠太少，即使这已经是最低的价格了。为什么呢？这除了与客户自身的心理认知有关外，还跟房地产销售人员的让价技巧有很大的关系。

很多时候，客户不断与我们砍价，并不一定是客户喜欢占便宜，而是因为我们让价过快给了客户砍价的希望，让客户感觉有价格水分可以挤。我们要时刻记住，在客户再次要求让价时，一定要向客户解释清楚，这已经是自己所能争取到的极限，也就是告诉客户这是底价。而且，此刻语气要变得坚定，不给客户任何希望与暗示。

在打消了客户砍价的念头后，我们可以适当地客户一些甜头。比如，可以向客户表示虽然不能在房价上再给予优惠，但是为了感谢客户可以送其一些精美礼品等（必须注意是在公司政策允许范围内），让客户心理平衡一些，此时要求客户交定金成功率就会更高。

☑ 我们可以这样应对

客户："你一下就能帮我申请98折，肯定还有降价空间，再给我些折扣，我现在就定了。"

房地产销售人员："李先生，我看您是比较干脆的人，所以才一下子亮出我们的价格底线。我的一个好朋友也在这里买了套房子，我给的也是这个折扣。如果我有办法争取，为什么不帮一下自己的好朋友呢，您说是吧？"

客户："你再帮我争取一点儿，我肯定马上签合同。"

　　房地产销售人员："我就是把您当朋友才实话实说的，98 折已经是我们的最大优惠了，虽然我很想做成您这笔生意，但是折扣确实是雷打不动的。如果您真心想买，就按这个价成交，我向经理再请示一下，看还能不能送您一些礼品，您看怎么样？"

　　客户："这……"（客户还有点儿迟疑）

　　房地产销售人员："李先生，我们楼盘的地段、品质您是知道的，最近销售非常火爆，如果您不抓紧买的话，可能这么好的户型就会被别人抢走了。"

　　客户："好，就这套吧。"

❖　**点评**：房地产销售人员过快地亮出价格底线，容易让客户误以为还有更大的让价空间，这样会让自己陷入被动。房地产销售人员不能一味地被客户牵着鼻子走，一定要及时地化被动为主动，要勇于跟客户喊停，让客户清楚地了解到你给的真的是底价。必要时，房地产销售人员还要营造房子抢手的紧张氛围，促使客户尽快出手。

大讲堂 72

当客户说"我和开发商的一个领导是朋友"时

　　在售楼处接待客户，难免会遇到一些客户表示自己是某领导的朋友，希望房地产销售人员能再给点优惠。面对这样复杂的情况，房地产销售人员该怎么应对呢？

☒ 应避免的错误

　　1."不好意思，就算是领导的朋友也是这个价。"

　　——这种回答会让客户感觉自己在自讨没趣，非常没有面子。

2."我做不了主，您直接打电话给他吧。"

——这种回答明显是在怀疑客户所说的话。这句话很可能会让客户下不了台，一气之下放弃购买。

对于房地产销售人员来说，客户就是衣食父母，无论在什么时候都要照顾到客户的面子，满足客户希望被重视和尊重的心理。如果客户提出自己是开发企业某位领导的朋友，希望得到更多的优惠，这种情况下我们没必要一味地顺着客户的要求，做出超出公司规定以及自身职权范围的事情。最好的一个办法就是拿公司严格的价格制度作为挡箭牌，因为任何客户都不希望看到房地产开发企业价格混乱的现象，这样不但不会阻碍成交，相反还有助于成交。

☑ 我们可以这样应对

客户："我和你们公司的一个领导是朋友，怎么说也得再优惠点吧！我只是不想麻烦他而已，要不我给他打个电话？"

房地产销售人员："王先生，您是我们领导的朋友，那价格方面您大可以放心，我给您的 98 折已经是公司最优惠的价格了。这一点我们开盘前领导就交代过了，价格统一之后，所有人都不能随意更改。"

客户："你不帮我争取，怎么知道行不行呢？"

房地产销售人员："王先生，您这就有点难为我了，98 折后是 38650元 / 平方米，您肯定看过很多楼盘了，应该知道这个价格是非常实在的。"

客户："如果每平方米能再降 500 元我就要了，你看我定金都带来了。"

房地产销售人员："这样吧，王先生，如果您真的有诚意，我可以替您向领导请示一下，看能不能给您再优惠点。先说好啊，我只能尽力为您争取一下，但不能保证一定成功。"

客户："行，你替我多说说好话。"

❖ **点评**：打人情牌是客户买房时经常使用的招数，房地产销售人员一定要在给足客户面子的前提下努力守住价格。即便可以给予适当的优惠，也要表现得非常为难。只有这样，客户才有被重视的感觉，要求优惠的心理才会得到满足，也就不会继续在价格上纠缠。

大讲堂 73

当客户一看就很会砍价时

有些客户还价的时候非常厉害，明显是个很会砍价的人。对于这类客户，大多数房地产销售人员都感到很头疼，不知道该如何应对是好。

☒ 应避免的错误

1. 算了，这种客户不接待也罢。

——挑客户是做不出好业绩的。在售楼过程中总会碰到各种各样的客户，如果总是挑三拣四，估计没几个客户是你愿意接待的。

2. 直接告诉他底价，爱买不买。

——对于这类客户，即使你给的是底价，他也会再三讨价还价的。

3. 和他慢慢磨，看谁磨得过谁。

——这会浪费你的精力和时间，得不偿失。

大家都清楚，砍价是销售活动中的一种常见现象。即使我们的楼盘再好、我们的价格再低，客户往往还是会嫌"太贵了"。随着市场的不断成熟，网络上也出现了不少类似"买房砍价全攻略"的文章，客户的砍价水平也越来越高。面对这种情况，我们该怎么办呢？

对于房地产销售人员来说，最重要的就是要控制住客户砍价的心理底线，通俗来讲就是让客户觉得价格没有太多的下降空间，他就算用尽所有的砍价技巧也无济于事。

即使要给客户让价，我们也要让客户觉得他的要求不是那么容易就能满足的，这样客户才会珍惜来之不易的优惠。如果客户很容易就砍价成功，那么他必然会进一步要求更多的优惠，甚至会提出一些过分的要求，而这些要求我们根本就满足不了，此时销售就会陷入僵局。

☑ 我们可以这样应对 1

房地产销售人员："陈先生，我完全理解您的想法。大家都希望能买到质量好、升值潜力大并且价格优惠的房子。但是恕我直言，要找到一套同时满足这三个要求的房子是非常难的。简单来说，这就好比一件名牌衣服和一件地摊货不可能质量、价格都一样，您说是吧？"

客户："……"

房地产销售人员："如果让您选择，您愿意放弃哪一项呢？我相信房子的质量和升值潜力对您来说更为重要。有时候，多投资一点就能得到更好的，这样还是很值得的，您说呢？"

❖ 点评：每个客户都希望付出最少的钱买到最好的房子，但这只能是美好的愿望。房地产销售人员可以引导客户对影响房子价格的几个因素做出权衡，从而帮助客户做出最为理性的选择。

☑ 我们可以这样应对 2

客户："如果你能帮我多申请些优惠，我今天就可以购买。"

房地产销售人员："王小姐，您的心情我能够理解，毕竟现在的房价确实不低。说实话，我也很希望能以最优惠的价格把房子卖给您，但这不是我能决定的。不过，我可以帮您向我们经理申请，看看能不能给您 98

折的优惠。不过您要有心理准备，我只能说尽力争取，不一定能要到这个优惠。"

❖ 点评：客户自然希望价格越低越好，但是如果他发现你给的真的已经是最低价，他就不会过多纠缠于价格。房地产销售人员要做的就是用不容置疑的语气和态度让客户认识到这一点。

大讲堂 74

当已经给了最低价，但客户还是不满意时

很多时候，我们已经给客户最低折扣了，但客户还是不满意。对此，你是否会觉得很无奈，不知道该如何说服客户？

☒ 应避免的错误

1. "这已经是最低价，买不买您自己定吧。"

——你觉得是最低价，客户可不一定这么觉得。而且，这样说话会让客户觉得你不再乐意为他服务，从而心生不满。

2. "您怎么这么不干脆？我都说已经是最低价了。"

——这样的话听起来像是在责怪客户，让人很不舒服。

总体而言，议价过程可以分为三个步骤，即引导买方出价、吊价、让价成交。

（1）引导买方出价

当我们确定客户已经产生了购买兴趣，并且楼盘能符合他的要求，即可引导买方出价。

（2）吊价

无论买方第一次出价多少，一定要加以拒绝。如果我们在客户第一次出价时就答应的话，客户会认为他的出价高了，否则我们不会那么爽快地答应他的出价。

采用吊价策略的一个重要原因是：过于轻易地降价，即使已经是最低价格了，也会让客户觉得价格高了，从而让他对自己的出价感到后悔并继续压价。

（3）让价成交

当我们确定客户在极力争取价格，并且是非常喜欢或很急迫时，通常可以确定已经到达成交的边缘，此时如果客户给出的价格在我们可接受的范围之内，那么我们可以适当让价，以促使交易尽快达成。

要注意的是，在让价成交时，我们必须提出相应的条件，比如让客户马上付定金。客户交的定金越多，他们将来反悔的概率也会越小。

☑ 我们可以这样应对

（公司价目表：50000 元 / 平方米；你的价格权限：49000 元 / 平方米）

房地产销售人员： "王先生，您认为我们的价格太高，那您觉得多少钱合适呢？"

客户： "48000 元 / 平方米。"

房地产销售人员： "王先生，您太会开玩笑了。要知道，我们的价格是根据成本来制定的，这个价格是绝对不可能的。"

客户： "48500 元 / 平方米，这是我所能接受的最高价了。"

房地产销售人员： "王先生，说真的，我也很乐意帮您，可是这个价格我还是没有办法接受。我要是这个价格卖给您，就违反公司的价格制度了，肯定会被公司开除的。"

客户："不会的。你们领导奖赏你都来不及，怎么会开除你呢。"

房地产销售人员："王先生，您就别让我为难了。这样吧，我帮您向领导申请看看能否给您打个 98 折，也就是 49000 元 / 平方米。如果您觉得这个价格可以接受，我就马上给我们领导打电话。"

客户："好的。"

房地产销售人员："王先生，我们先说好了，如果领导同意给您 98 折的优惠，您今天就得马上付定金，否则我会被领导责怪的。"

客户："这没问题。"

❖ 点评：价格谈判是一场硬仗，房地产销售人员一定要学会守价，面对客户一而再、再而三的降价要求，要学会说"不"。即使可以给出一定的优惠，我们也不能过于爽快，否则客户会认为尚有很大的降价空间，这会让你陷入无休止的讨价还价当中。

大讲堂 75

当谈了好久客户还是觉得"价格太高"时

有时候，客户对房子很满意，我们也和客户谈了好久，甚至让客户明白其实这是难得的物美价廉的房子了，但最后客户还是说了句"我觉得这个价格还是太高"。面对这种情况，我们该如何应对？

☒ 应避免的错误

1."那就没办法了，这已经是底价，再低就没法卖了。"

——这种回答方式只会让客户觉得你不太在意他是否购买，很容易动摇客户的购买信心。

2. "这个价格还嫌高啊！"

——这种回答明显带有看不起客户的意味，它的潜台词就是"没钱就别想买房子"。

客户讨价还价的动机可分为以下几种：有的是对房子的价值把握不准，害怕买贵了吃亏；有的是购买能力有限，希望通过还价来压低价格，能省一点是一点；有的则是习惯性地压价。当客户提出价格异议时，我们首先需要做的是明确客户讨价还价的动机，从而有针对性地消除客户的疑虑。

摸清客户还价动机的一个最简单的方法，就是通过开放式的提问引导客户说出其产生价格异议的原因。例如：

> "您认为价格太高的原因是什么呢？"
>
> "您觉得合理的价格应该是多少呢？"
>
> "对于价格方面的因素，您是如何考虑的？"
>
> "您是觉得房子质量更重要，还是价格更重要呢？"
>
> ……

对于一些经济能力有限的客户，我们可以和他们探讨贷款、分期付款的方法，或劝说他们购买较小面积的房子，力求为他们找一个最省钱的支付方式。对于一些习惯性压价的客户，我们则应该晓之以情、动之以理，让他们主动放弃讨价还价的想法。

☑ 我们可以这样应对 1

客户："我还是觉得这个价格太高了。"

房地产销售人员："刘小姐，说实在的，如果单比较价格，我们楼盘的价格是略高一些。因为我们的地段是最好的，景观也是最好的，因此当时的地价也是最高的。而且，您也知道，我们市最好的中小学都在这里，为了将来能让孩子上名校，一套房子多花个二三十万元是非常值得的。"

❖ 点评：当客户对楼盘各方面的情况都非常满意，只是纠结于价格时，我们可以运用利益强调法，引导客户多关注楼盘的价值点，着重向客户强调楼盘"物有所值"。

☑ 我们可以这样应对 2

客户："我还是觉得这个价格太高了。"

房地产销售人员："刘小姐，您看上的这套的确比较贵，要不您看看 1 楼的那套，它每平方米只要 28500 元。"

客户："我才不要那套呢，通风采光都不好，而且还西晒。"

房地产销售人员："这就对了，刘小姐，看得出来您更注重房子的居住品质。每平方米多花 2000 元，就能买套通风、采光、景观效果更好的房子，住起来也更舒适，您不觉得非常值吗？"

❖ 点评：当遇上纠结于价格的客户时，我们不妨试试差异法，也就是当客户表示价格太高时，再为他挑一套价格较低但各方面条件都较差的房子，让他自己对比选择要好房子还是价格低的房子。差异法的好处就是可以让客户直观地感受到"便宜没好货"。

大讲堂 76

当客户在讨价还价过程中突然不高兴时

在与客户讨价还价的过程中，有时客户会突然产生不满，甚至动怒发火。此时，房地产销售人员该如何应对呢？

☒ 应避免的错误

1. 算了，这个客户太难缠，不理他了。

——任何一个客户都有他的性格，如此轻易放弃一个潜在客户，不是一个优秀房地产销售人员的正确做法。

2. 和客户针锋相对。

——客户是上帝，和客户争吵，吃亏的永远都是房地产销售人员。

价格是个敏感的话题，在讨价还价过程中谈判双方很容易激动，一不留心就会发生冲突。因此，在与客户进行讨价还价的时候，我们必须注意以下两点，避免在谈判中迷失了方向。

1. 心平气和地谈

在与客户讨价还价的时候，我们必须保持心平气和的态度。这除了跟双方个人修养有关外，我们还需要在与客户沟通前充分预测、分析买卖过程中可能发生的种种情况，制定好应对措施，这样才能临阵不乱，在千变万化的形势面前从容镇定，做到心平气和地据理力争。

2. 不要让客户没面子

精明的谈判者常常善于顾全双方面子，有一种控制自我情绪的习惯，能够对对方自相矛盾或过火的言谈表现出极大的忍耐性，并克制和谦虚地表示自己的意见。他们常用"据我了解""我认为""是否可以这样"等委婉的说法来阐述自己的想法。这种态度会使本来针锋相对、相互僵持的谈判气氛变得融洽。

☑ 我们可以这样应对

客户："38000 元 / 平方米？还是太贵了，阳光彼岸一平方米不到 35000 元 / 平方米呢。"

房地产销售人员："陈先生，现在阳光彼岸的均价也已经涨到 36000 元 / 平方米了。"

客户："36000 元 / 平方米？上个月我才去看过，就是 35000 元 / 平方米。你这人太不实在，以为我们买房的什么都不懂！"

房地产销售人员："陈先生，您别急，可能是我表达得不够清楚，我刚才说的 36000 元 / 平方米是均价。您说的 35000 元 / 平方米的房子也确实存在，因为户型、朝向、楼层等不一样，价格也会有所不同。当然了，这不是我们关注的重点，因为您也说过了，您买房主要是为了让孩子入读实验小学，是吧？"

客户："是的，要不然我早就买了阳光彼岸那一套了。不就因为能上个好点的学校吗，价格竟然贵了那么多！"

房地产销售人员："大家都是为了孩子，谁都希望自己的孩子能赢在起跑线上。陈先生，您说呢？"

❖ **点评**：遇到客户情绪较为激动的局面时，房地产销售人员首先要做的就是想方设法安抚客户的情绪，进而将其关注的重点从敏感的价格转向房子能带给他的利益方面。

第五章

踢好『临门一脚』促交易

大讲堂 77

当客户表示要"再考虑考虑"时

很多客户在房地产销售人员请求成交的时候，都会说"我再看看""我再考虑考虑，过两天再说吧"。这是售楼过程中的一种正常现象，房地产销售人员没必要为此感到灰心。但是，如果真的相信客户的话，放任客户"再看看，再考虑考虑"，那么很可能交易就失败了。

☒ 应避免的错误

1. "这套房子这么好，还有什么好考虑的呢？"

——这样回答很容易招致客户的反感。掏钱的不是你，你当然不需要再考虑什么了！

2. "如果你今天就能买的话，我再给您申请更优惠的价格，可以在我们所谈的基础上打 98 折。但仅限今天，过了今天，我就不好申请了。"

——当客户听到还有谈价的空间，往往会提出更多的优惠要求，房地产销售人员这样做反而会让自己陷入被动的局面。

3. "这套房子这么好，现在不买，可能过段时间就没了。"

——这样回答会让客户觉得你在欺骗他，往往因为害怕上当而更不敢买了。

客户表示要再考虑考虑，可能有两个原因：一是对楼盘基本满意，但是怕自己是外行看不清门道，冲动之下做出错误的决定；二是对楼盘、价格或交易手续还有疑问，只是不好意思直接说出来。

正常情况下，在经过楼盘推介和价格谈判之后，客户提出要考虑考虑，这只是成交前的一种正常的犹豫心理。他会想还有没有什么没考虑到的或考虑不周全的地方，需要时间再仔细权衡一下。所以，遇到这种情况，我们不要着急上火，而是要冷静地回忆一下与客户沟通的整个过程，看看自己是否有疏漏的地方。

当然，最直接的方法还是询问客户到底还有什么疑问。在询问客户之前，我们最好能站在客户的角度上，认同客户的心理，理解他的顾虑，以消除客户的心理防线，引导客户大胆地将自己的想法说出来，然后针对客户的问题提供解决的办法。

客户如果对楼盘还有疑问，那么我们要根据客户的疑问做出进一步的解释说明；如果对价格有疑问，我们一定不能轻易让步，否则会让客户觉得还有很大的谈价空间而无休止地进行议价，可以用楼盘热销或将来会涨价等外因促使客户尽快做出购买决定；如果客户是对交易手续还有疑虑，那么我们就要拿出有力的证据或案例作为支持，用事实说话。

☑ 我们可以这样应对 1

客户："我再考虑考虑，过两天再说吧。"

房地产销售人员："王先生，不瞒您说，这次推出的优惠房源就剩下这几套了，而且这两天一直都有很多客户来看房，您刚刚也看到已经有两位客户去交定金了。按目前的市场行情来说，能以这样的优惠价买到这种优质的房子是非常难得的，您就别犹豫啦！"

❖ 点评：在促成交易时，最好能有具体的案例——"您刚刚也看到已经有两位客户去交定金了"，这样能有效促使客户尽早做出决定。

☑ 我们可以这样应对 2

客户:"我再看看,过两天再说吧。"

房地产销售人员:"王先生,我能理解您的想法。其实,对于我们房子的配套设施和户型设计,您也都清楚,我就不多加介绍了。之前您说过工作的地方就在附近,如果您买了这套房子,就可以每天步行上下班,再也不用忍受挤公交的痛苦了。而且,时间也充裕了,您上班之前还能锻炼一下,或在家吃个早饭。这样的环境住得才舒服,您觉得呢?"

❖ **点评:** 在客户表示要考虑考虑时,我们要再次强调客户的关注点、强调楼盘的卖点,这样可以加深客户的印象,引导客户快速做出购买决定。

☑ 我们可以这样应对 3

客户:"我再考虑考虑,过两天再说吧。"

房地产销售人员:"好极了!想考虑一下就表示您对我们的房子有兴趣,对不对,王先生?"

客户:"兴趣肯定是有的,要不就不会和你谈那么长时间了。不过,我还是觉得你们的价格有点贵。"

房地产销售人员:"王先生,我能理解您的想法,现在的房价确实高。所以,即使我们楼盘给了很多优惠,大家还是觉得贵。但如果拿我们楼盘与其他楼盘对比,您就会发现这个价格事实上并不高,是吧?"

客户:"我没说你们的价格高。我只是觉得现在的房价有些高,所以总是想等等看。"

❖ **点评:** 客户说再考虑考虑时,肯定是有他顾虑的地方。只有引导客户说出他的顾虑,才能有针对性地进行说服。

大讲堂 78

当客户表示要"再比较比较"时

有时候，客户其实已经对楼盘产生了购买兴趣，却还是想再多看看其他楼盘，比较比较之后再做决定。这是很正常的现象，毕竟买房是一件大事，客户肯定要经过慎重考虑才能做出决定。面对这种情况，我们该如何促使客户尽快做出购买决定呢？

☒ 应避免的错误

1. "行，那您再好好比较比较。"

——这种应对方式太过消极。作为房地产销售人员，我们要学会掌控整个销售进程，而不是跟着客户的节奏走。

2. "这房子这么好，还有什么好比较的？"（表现得很心急，一直催着客户尽快成交）

——尽早成交肯定是每个房地产销售人员的愿望。但心急吃不了热豆腐，如果你将这种心态表现出来，让客户知道你非常急于成交，客户就会利用你的这种心理借机压价，或提出其他额外要求。

3. "我同事已经有客户也看上这套房子了，您不再赶紧来交定金就可能被别人买走了……"（打电话给客户，谎称有客户看中了这套房子，要客户赶紧来交定金）

——欺骗客户是不可取的，客户会觉得你这人太狡猾，从而选择其他房地产销售人员或其他楼盘。

4. "那个楼盘真没必要去看了。您看它的位置那么偏，前不着村后不着店的，而且周边都是荒地，有什么好的呢……"（客户说要去看某个楼盘）

——不要以贬低其他楼盘的方式来留住客户，这不但不会获得客户的认同，反而会让客户觉得你这人不实在，没有职业道德。

通常情况下，客户之所以还想再比较比较，不外乎以下几种原因：一是客户在其他楼盘也看到过中意的房子，可能是价格还没有谈拢，一时之间无法抉择；二是谨慎对待，想要再比较几个楼盘，以免过早下决定将来会后悔；三是在观望市场行情，还没有准备好出手。

（1）如果是第一种原因，在获知客户中意的楼盘情况后，我们应承认竞争楼盘很明显的优点，同时以坦诚的态度告知客户竞争楼盘的一些不足之处。

（2）如果是第二种原因，我们可以以房子抢手为由，让客户把握时机购买，以免心仪的房子被其他客户买走。

（3）如果是第三种原因，我们可以通过向客户分析市场情况，引用专家的看法，表示现在正是出手的好时机。一旦发现客户有所动摇，就要好好把握机会，适当采用些技巧促使客户早日购买。

当遇到对房子表示满意却又犹豫不决想要再做比较的客户时，我们一定不能轻易放任客户长时间地比较，而是要适时地引导客户，让其明白如果自己一再比较就很容易错失良机。

☑ 我们可以这样应对 1

客户："我再比较比较吧。"

房地产销售人员："陆总，看得出来您挺喜欢这套房子的。您还想再比较一下，是不是您在其他地方也看到过中意的房子？"

客户："不瞒你说，我前天在××花园也看过一套房子，也是三室两厅的。其他都还不错，就是小区有点小。"

房地产销售人员："嗯，××花园那边的地理位置也不错，挺繁华的，交通也方便，那里的三居户型我也看过，挺方正的。不过正如您所说，那个小区确实小了点，只有三栋楼。小社区在绿化方面确实要差不少，也缺少活动空间。您家里有小孩，还是找个大社区更好，可以经常带小孩到户外活动，和其他小朋友一起玩。"

客户："是的，我也是这么想，所以当时就没马上买。"

房地产销售人员："陆总，针对您的情况，我个人觉得我们这套房子更适合您，楼层好，户型方正，南北通透，而且我们还是个大社区，环境非常不错。"

客户："是的，从小区环境来说，你们确实更好。就是不知道价格方面能不能再优惠点？"

房地产销售人员："陆总，我看您确实非常有诚意，如果您今天就能交定金的话，我帮您再向经理申请一下，看看能不能多送您一年的物业管理费。这可是只有我们楼盘的老客户才能享受的优惠。"

客户："那也行。"

❖ 点评：当客户说要再比较比较时，我们可以直接向客户探询原因；当客户告知要比较的对象时，我们要坦诚地帮客户分析竞争楼盘的优缺点。当然重点是不足之处，之后再针对客户的关注点展示自己的优势，让客户明白我们的房子才是最适合他的，以促使他尽快下定购买决心。

☑ 我们可以这样应对 2

房地产销售人员："郭先生，您觉得这套房子怎么样？"（发现客户对房子很满意）

客户："嗯，还行。"

房地产销售人员："那我们去把合同签了？"

客户："不急，我再比较比较。"

房地产销售人员："郭先生，看得出来您挺喜欢这套房子，您还想再比较比较，是不是您在其他地方也看到过中意的房子？"（直接向客户探

询原因）

客户："我才看了两套房子，想多看几套之后再做决定。买房子是件大事，不能太随便。"

房地产销售人员："郭先生，您说得没错，买房子是件大事，必须要谨慎。您刚才也仔细看过我们的房子了，和之前看的那套比，您觉得怎么样？"

客户："户型不错，楼层也挺好的，还可以看到仙岳山。"

房地产销售人员："是啊，郭先生，这套房子的确不错。买房子谨慎些是没错，但是很难得能看到一套这么符合自己要求的房子，尤其像这样的小三居非常抢手。如果您再去看其他房子，这套房很可能会被其他客户先买走了。刚刚您也看到了，我们下楼的时候，另外一个客户就上去看房了。"（引导客户权衡两者利弊）

（客户表现出一丝犹豫）

房地产销售人员："郭先生，好房子是不等人的。最近市场非常火爆，您看我们楼盘才开盘不到一个月，就剩下没几套了。我们这里不但地段好、交通便利，而且周边商场林立，更为重要的是附近有几所好学校，所以这里的楼盘都非常抢手，连二手房都是出来一套被抢一套。"

客户："算了，我也懒得再看了，那就这样定了吧。"

❖ 点评：当客户表示想多看几个楼盘时，我们要一方面表示理解，一方面向客户传达房源抢手的紧迫感。如果任由客户慢慢选择，很可能客户就会被其他楼盘或其他房地产销售人员所吸引，你之前所有的努力就付诸东流了。

大讲堂 79

当客户表示要"和家人再商量商量"时

在要求客户交定金的时候，有些客户会表示"要回家和家人商量商量"。面对客户的这种托辞，我们要如何进行应对呢？

☒ 应避免的错误

1. "好的，那等您商量好再过来吧。"

——还没有搞清楚客户是出于何种原因要跟家人商量就送走客户，这种做法是非常消极和危险的，客户可能会被其他楼盘吸引，或被家人的意见所左右，再次回来的可能性并不大。

2. "您既然这么喜欢这套房子，还考虑什么呢？"

——这样回答没有说服力，客户不会因为你这么空洞的一句话就改变"和家人商量"的想法。

3. "您这么喜欢，您家里人肯定也不会有意见，您自己决定就好了。"

——如果客户是位爱家且尊重家人意见的人，那么你这种无视家人看法的态度就很容易引起对方的反感。

4. "好房子不等人的，现在看中这套房子的客人非常多，我可不敢保证到时您还能买得到。"

——营造紧张的气氛是促成交易的一种好办法，但这么直白的说法可能适得其反，客户可能认为你如此着急让他购买是不是有什么猫腻，从而会更加小心谨慎，拖延决策的时间。

当客户提出这种要回家商量的理由时，通常会有以下几种可能：一是以此为挡箭牌，好推迟时间再做打算；二是担心自己一个人决定太过轻率，需要与家人一同商议之后再做决定；三是此次购买并不是自己一个人可以决定的，需要征求家中其他成员的意见。

遇到这种情况，我们首先需要考虑客户这么做的理由，并对客户的做法表示理解，再通过询问或其他方式了解客户的真实想法和原因。假如客户有决策权，只是想要回去与家人商议，那么我们可以尝试以房子抢手、条件优异等为由让客户趁早做决定；假如客户并不是单独的决策人或说没有决策权，那么我们同样也可以向客户传达楼盘畅销的紧迫感，令其尽快和家人商议决定或尽早带决策人一同前来；而如果客户仅仅是以此为挡箭牌，想要推迟购买或得到一些优惠的话，那么我们可以在规定允许的范围内适当做一些让步或允诺，促使其尽早做出决定。

☑ 我们可以这样应对 1

客户："我回家和家人商量商量再决定。"

房地产销售人员："嗯，买房是大事，和家人多商量商量，考虑清楚再做决定才比较保险。"

客户："对啊，等我和家里人商量好了再带他们过来看看。"

房地产销售人员："嗯，这没问题。但刘先生您也知道，我们这次国庆节的促销活动就截止到今天，明天就恢复原价了。如果您明天来，就没法按 98 折购房了。刚刚也给您算过了，两个点的折扣可是省了将近十万元啊！之前我有个客户在开盘活动期间看好了一套房子，也是想着等周末带家人看看再决定，结果周末来的时候发现不但没有优惠了，而且还涨价了，他为这事可后悔死了。"

客户："那这样吧，我现在给我太太打个电话，让她请假过来看看，如果她也满意，我们就直接付定金了。"

❖ **点评**：当客户不能马上做决定时，我们可以用真实的案例给客户适当营造紧张气氛，引导其尽快做出购买决定。

☑ **我们可以这样应对 2**

客户："我先回家和家人商量商量再决定。"

房地产销售人员："刘先生,您还要跟谁商量呢?刚刚通过和您交谈,看您的气度、气质,听听您的谈吐,就知道您是一个有魄力的成功人士。再说,这样好的地段,这么好的环境,这么低的价格,还能让孩子就读名校,还有什么可犹豫的呢?您做生意这么成功,一定比我更清楚做决策必须果断,否则,好机会是稍纵即逝。"

客户:"……"

房地产销售人员："前几天,我一个客户看中了 13 楼的一套两居,我劝他赶紧定下来时,他说要回家去商量,第二天给我回话。结果,当晚这套房子就被另一个客户看中了,当即签了合同。第二天,他们一家人兴冲冲地带着钱准备来签合同,我真不想开口告诉他们实情。但不说也不行啊,最后他们只好遗憾地选了另一套。刘先生,买房就和做生意一样,看见好机会就要当机立断,您说呢?"

❖ 点评:在实际工作中,我们经常会遇到一些"含蓄"的客户,他们明明是有其他原因却不直说,非得说要和家人再商量商量。既然选择了销售这个行业,我们就必须练就一双火眼金睛,要学会观察客户内心的真实想法。

大讲堂 80

当客户表示要"先观望观望"时

当国家出台新的调控政策、市场观望氛围渐浓时,有些客户就会临时放弃或推迟购房计划，表示"现在大家都在观望，我先看看再说"。面对这种情况，房地产销售人员该如何做呢？

❎ 应避免的错误

1. "您到底有没诚意买啊？"

——这种话谁听起来都不舒服。无论客户是否成交，我们都要特别注意自己的言行，千万不要因为客户的拒绝而"翻脸不认人"。要知道，现在不能成交的客户并不代表以后也不能成交。

2. 算了，这客户估计没戏了，不如再找找其他新客户。

——客户表现出来的只是犹豫或顾虑，而房地产销售人员就此放弃的话，之前的努力就白费了。购置房产是件大事，客户因为某些原因暂时不敢出手是完全可以理解的，只要进行多方面、多层次的沟通，成交的可能还是非常大的。

3. "请问您考虑得怎么样了？"（穷追不舍，隔两三天就给客户打一个电话）

——客户本来有购买的需求，但是出于各种原因选择观望，这本身就足以让客户心烦了，房地产销售人员再时不时地打电话过去追问，更容易激发客户的抵触情绪，导致他们对你产生反感，甚至直接把你拉入黑名单。

客户表示暂时不买，要再观望一下，这种情况在房地产销售人员做电话回访的时候时有发生。尤其是当国家出台房地产调控措施的一段时间内，更容易经常出现这样的情况。

遇到这种情况时，我们要对客户的决定表示理解，同时要询问客户拒绝的真实原因，再根据具体情况进行多方面、多层次的沟通。即使没有回旋的空间，我们也要继续跟踪客户，并维护与客户之间的关系。

☑ 我们可以这样应对

房地产销售人员："王先生，您好。我是××售楼处的小陈，前天您说要回家和太太商量一下，不知道现在商量得怎么样了？"

客户："我太太说不用那么急，现在大家都在观望，以后再说吧。"

房地产销售人员："王先生，我理解您和您太太的想法。现在整个市场观望的氛围的确比较浓。不过这套房子各方面的条件都不错，也很符合您的要求。现在像这样的好房子可不多了，昨天又有三拨客户去看了这套房子，其中有一个客户还很有意向。"

客户："房子是不错，可是你们的价格也太高了，我们一下凑不出这么多首付。"

房地产销售人员："王先生，上次您走得比较急，我还没来得及和您说，我们楼盘有'分期首付'这个优惠活动，首付可以分成三期支付。这样的话，王先生您就不用为首付的问题担心了。您不妨带太太一起来我们售楼处具体谈谈。您看您是今天上午有空还是下午有空？"

❖ 点评：买房置业是大事，客户出于某些原因想"观望观望再说"，房地产销售人员必须给予充分的理解。与此同时，我们可以跟客户聊一下目前的看房状况，这或多或少能帮助客户重燃购房的欲望。另外，我们还可以利用同理心，消除客户对我们的戒心，让其敞开心扉说出自己的真实顾虑。

大讲堂 81

当客户表示"今天没带钱，明天再交定金"时

房地产销售人员在销售过程中经常会遇到这样的情况：各方面都谈好

了，要求客户付定金时，客户却说"我今天没带那么多钱，明天再来付定金吧"。对此，我们该怎么办呢？

❌ 应避免的错误

1. "那好，那您明天记得带钱来交定金。"

——俗话说"夜长梦多"，这种应对方式太消极，不利于交易的顺利进行。一旦让客户轻易离开，什么样的状况都可能发生。

2. "不可能吧，现在大家都是用手机银行，微信、支付宝也都可以，怎么会没钱呢？"

——说话的语气不太好，有怀疑客户的意思，容易让客户心生不满。

3. "您现在不交定金的话，明天会不会被别人先买走了可不好说啊。"

——虽然说得没错，但是这种说法太过直白，多少有些逼迫的意味，会让客户感觉你是在吓唬人。

在客户有购买意愿的时候及时推客户一把，是最容易达成交易的。如果放弃这个最佳时机，自己之前的辛苦和努力很可能就白费了。客户在被要求交定金的时候，心里会比较紧张和不安，因而会找借口推托以拖延时间，这是很正常的表现。但是，当客户表现出购买意愿时，我们是不能让客户随意拖延的，在没有得到客户的定金之前，最好不要轻易让客户离开。

为了让客户尽快交定金，我们要向客户分析交定金的好处和不交定金的坏处。比如，交了定金，房子就可以为他留着；不交定金的话，万一房子被别人买走了，就很难再买到这么合适的好房子了等。

如果客户表示没带钱或钱带得不够，我们可以向客户象征性地收一些，这样客户回来的可能性才更大。

☑ 我们可以这样应对

客户："我今天身上钱带得不多，明天再来交定金吧。"

房地产销售人员："带的不多也没有关系，您带了多少？可以先交一部分，这样我们就可以帮您留着这房子，免得之后被别的客户买走了，您说是不是？剩下的钱您可以明天再带过来补上。"

客户："这个嘛……"（客户依旧有些迟疑）

房地产销售人员："这房子条件有多好您也是清楚的，看了这么久好不容易相中一套房子，交了定金有个保障才安心，您说是吧？"

客户："那好，我这里有3000元，先当定金吧，剩下的我明天再补齐。"

❖ **点评：**即使钱不够，客户只要付了部分定金，就说明他基本确定了此次购买行为，毕竟谁也不愿把钱白白送给别人。

大讲堂 82
当客户表示预算不够等过段时间再说时

计划买房的客户在看过楼盘之后，肯定会把总价、首付、月供、契税等各项费用算清楚，剩下的就是和房地产销售人员进行价格谈判，最大限度地为自己争取折扣和优惠。在临近成交的一刻，有些客户却仍然表示"我的预算不够，过段时间再说"。房地产销售人员都知道这只是客户的推托之词，可是又该怎么化解呢？

☒ 应避免的错误

1. "您这么有钱，怎么可能连这点预算都没有。"

——这样回答，讥讽意味太重，客户听了会觉得不舒服，不利于沟通的顺利进行。

2. "您是在和我开玩笑吧？您都看了这么多房子了，怎么可能还没做好预算？"

——不管客户说的是真话还是假话，这种语气让人听起来就很不舒服，只会激怒客户，而不会有其他效果。

3. "您是不是觉得价格太高了？"

——房地产销售人员这么问客户，会让客户觉得还有谈价空间，从而使自己陷入新一轮的价格谈判中，更难促成交易。

4. "我给您找一套总价低一点的房子，您看怎么样？"

——这不仅会让自己之前的努力前功尽弃，还容易让客户误认为你是在嘲笑他买不起，从而对你产生不满。

一般情况下，预算不够大都是客户的推托之词：一是为了拖延时间，让自己对楼盘有更为全面的了解，以免做出错误的决定；二是为了获得更多的利益，希望房地产销售人员会主动让价，给出更低的折扣或优惠。当然，也不排除客户真的是因为遇到突发或意外情况而预算不足。

如果客户是想要对楼盘有一个更深的了解，他通常会直接讲出来，我们就要针对客户有疑虑的地方进行更详细的解说；如果客户是想获得更多的利益，往往会主动跟你谈价，此时我们就要根据具体情况来决定是坚守价格，还是给出一点优惠；如果客户真的是预算不足，我们要搞清楚是总价超出了预算，还是首付款预算不足，再与客户一起分析探讨，寻求解决之道。比如，如果客户月供不足，则可以建议他延长贷款年限（当然要在银行政策允许的范围内）。

☑ 我们可以这样应对 1

客户："我的预算不够，还是过段日子再说吧。"

房地产销售人员："王先生，我们都接触这么久了，也算是朋友了。没关系，有什么问题您直接说，是真的预算不够还是有其他疑问呢？"

客户："我家人都觉得这个价格太高了，让我多考虑考虑。"

房地产销售人员："王先生，单看这个价格确实有点高，但是结合我们楼盘的档次和品质来说，这真的是一个非常实在的价格了。我感觉得出来，您对我们楼盘还是挺满意的。"

客户："单价再给我优惠 100 元我就定了，我知道你有这个权限。"

房地产销售人员："王先生，您可真太抬举我了。实话说，这个价格是不可能拿得到的。如果您真的有心想买，今天就能付定金的话，我可以向领导争取一下，看能给您优惠多少。但是我丑话说在前头，我没法保证能要到优惠，更不能保证每平方米能优惠 100 元。"

客户："行，你尽量帮我争取吧。"

❖ **点评**：面对客户"预算不够"的说辞，房地产销售人员首先要做的就是判断其犹豫不决的真正原因，只有这样才能对症下药、有的放矢。

☑ 我们可以这样应对 2

客户："我的预算不够，还是过段日子再说吧。"

房地产销售人员："张先生，据我观察，您对我们楼盘还是挺满意的，您是不是还有什么不清楚的地方，或是我的服务不到位？"

客户："确实是预算不够，有些款项还没有收回来。"

房地产销售人员："原来是这样啊，那我建议您可以采用按揭的方式。现在银行贷款利率并不高，尤其是住房按揭的利率是所有贷款中最低的。这样一来，您不但不会耽误现在买房，而且还可以多了一笔活动资金。您的款项收回来后，想马上还款也行，我们办按揭的银行是允许提前还款的。"

客户："嗯，那也行，就先做个按揭吧。"

❖ 点评：如果客户确实是资金方面出现了问题，房地产销售人员也不能就此打退堂鼓，变换付款方式的建议会让客户眼前一亮，难题也就迎刃而解了。

大讲堂 83
当客户已经动心却总下不了决心时

在售楼过程中，我们经常会遇到这样的情况：客户看上去已经动心了，但不知为何却还总是犹豫不决。对此，我们该如何推客户一把让他尽快做出购买决定呢？

☒ 应避免的错误

1. "买一套合适的房子不容易，看中了就赶紧下手吧……"

——促成交易是必须的，但是促成交易也需要讲究方式方法，否则只会适得其反，让客户更小心谨慎，不敢早点做出决定。

2. 不急，客户既然已经动心了，肯定会买的。

——这样消极等待，通常结果就是客户看中了其他楼盘。

某调研机构曾专门针对交易失败的原因进行了一项市场调研，调查结果显示，有71%的销售员选择了"未能适时地提出成交请求"这一选项，消费者对此最普遍的反应是："他们当时没有要求我购买，那我就再看看。"

捕捉到客户的购买信号之后，没有及时向客户提出成交请求，就好比在球场上瞄准了球门却没有把球踢出去一样，无论之前的推介、谈判如何顺利，结果都只是在做无用功。

主动建议购买是销售中一个非常重要的环节，它是促进成交的利器。作为房地产销售人员，当客户已经动心时，我们要学会主动推进成交，而不是坐等客户开口。

成交并不是我们留给客户的最后一个话题。我们在与客户沟通的过程中，只要察觉到客户的成交信号，就可以立即提出成交要求，而不是一定等到最后时刻才提出成交要求，以免错过最佳时机。

☑ 我们可以这样应对

房地产销售人员："张总，我给您分析一下，您听听这套房子值不值得买，好吗？"

客户："你说。"

房地产销售人员："第一，您说过准备明年 2 月份结婚，我们楼盘是今年 11 月份交房，您根本不需要担心工期问题，完全有足够的时间装修；第二，现在正是我们的优惠期，如果现在不买，很可能房价又要涨了；第三，这里离您上班的地方很近，可以为您省下不少宝贵的时间。从这几点来看，我觉得您现在买这套房子是最明智的选择了。"

> ❖ 点评：这种成交方法也叫富兰克林成交法，它简单明确，并且容易理解，是一种非常有效的销售方式。采用富兰克林成交法，就是把客户购买产品所能得到的好处以及不购买产品的缺憾全部呈现在客户面前，使客户坚定购买的想法。这一招尤其适用于较为理智的客户，他们会认为我们只是在列举事实，没有吹嘘夸耀的成分，说服力较强。

大讲堂 84

当客户看了好几套房子不知如何选择时

在售楼过程中，我们经常会遇到这样的情况：客户看了好几套房子都感觉不错，不知道如何选择，迟迟下不了决心。对此，我们该如何帮助客户尽快下定购买决心呢？

☒ 应避免的错误

1. "您好好考虑一下，喜欢哪套就和我说。"

——当客户不知该如何选择时，你还让客户自己选择，那么客户可能更加犹豫不决，甚至两套都放弃。

2. "这两套都挺好的，看你自己更喜欢哪一套。"

——作为房地产销售人员，你却不能给客户一些专业的意见，也不懂得在临近成交时推客户一把，这样是不会取得好业绩的。

犹豫是临近成交的正常现象，尤其是购房这样的大宗交易。但是，房地产销售人员不能让客户一直犹豫下去。对于一些缺乏主见、摇摆不定的客户，我们应该大胆地给出建议，以尽快结束销售。

引导客户作决定时，我们应使用一些诸如"我觉得""我认为"等较为委婉的语言，以消除客户的戒备心理。比如，"我觉得靠中庭花园的那套房子会更好一点，它的视野非常开阔。"

有些时候，客户也会请我们帮忙挑选。这时候，我们就要愉快地接受客户的请求，尽心尽力地为其做好参谋，根据客户的要求和各套房子的实际情况果断地帮其挑选。要知道，客户让我们帮忙挑选就是对我们的一种信任，我们应抓住客户的这一心理，将其对我们的信任转移到楼盘和具体房子上来。

需要注意的是，我们不要替客户承担决策责任，不要说"我包您满意""相信我一定没错的"这样太过绝对的言语。否则，万一客户在我们的劝说之下买了房，但在日后却觉得不好，他就会把责任推到我们身上，认为我们故意骗了他。

☑ 我们可以这样应对

房地产销售人员："杨姐，今天看的这两套房子，您更喜欢哪套？"

客户："感觉各有各的好，还真不好选择。"

房地产销售人员："嗯，杨姐您真有眼光，这两个是我们楼盘最热销的户型了。这两套房子您最满意它们的哪一点呢？"

客户："3号楼1801这套，楼层好、户型方正，就是看不到海景；1号楼703这套，景观很漂亮，但楼层有点低。"

房地产销售人员："杨姐，您还是很有经验的，一下子就点出了这两套房子的优缺点。的确，任何一套房子都有它的优势，也有它的不足。"

客户："那你觉得哪套更适合我？"

房地产销售人员："杨姐，如果我是您的话，我会选择3号楼1801这套。它是看不到海景，可是您想，我们离大海那么近，晚上散步就可以走到海边了。买房最关键的还是要居住舒适，1801这套房户型方正，楼层又高，采光通风好，南北通透，住起来肯定更舒适。"

客户："那也是！"

❖ 点评：当客户主动提出请你帮忙挑选时，要愉快地接受客户的请求，尽心尽力地为其做好参谋，根据客户的要求和房源的实际情况果断地帮其挑选。

大讲堂 85

当客户说要来交定金却总找理由推托时

有的客户对楼盘很满意，表示过几天要来付定金。可是几天过后，客户并没有如约前来。打电话过去让其来售楼处签约，他却总是找各种理由推托，如"最近比较忙，等有空了再去找你""不急，我过两天就去""我还得多考虑考虑"等。面对这种一拖再拖、考虑了又考虑的客户，房地产销售人员该如何应对呢？

☒ 应避免的错误

1. "您明天不来交定金的话，这套房子可能就被别人买走了。"

——除非客户对这套房子的确非常满意，否则这种说法更容易让客户产生怀疑，甚至对你的这种带有威胁意味的语言表示不满。

2. 任由客户考虑，不予理会。

——顺其自然的结果通常是客户看上了其他房子，或客户喜欢的房子被其他人买走。房地产销售人员一定要懂得掌控销售的进程与节奏，不论遇到什么样的状况都要积极争取客户的认可，而不是消极地听之任之。

3. 三天两头打电话给客户，让其来售楼处签约。

——这样做等于骚扰客户，是错误的做法。它不光影响了客户正常的生活，还容易引起客户的反感。

对于这种一拖再拖的客户，我们首先要找出问题，然后分析原因，最后才能对症下药。

客户离开售楼处后，主动权就不在我们手中了。在这种情况下，光靠打电话说服客户前来买房是很难的，而且通过电话很难判断客户的真实想法。因此，打电话给客户最重要的不是询问他为什么不来，而是要吸引他来售楼处。因此，我们得讲究一定的电话沟通策略。

首先，要用良好的开场白来获得客户的好感，如"张先生您好！我是××楼盘的小李，好久不见，最近工作忙吗"之类问候的话。需要记住，打电话给客户时，切忌一开场就让客户前来售楼处交定金，这样目的性太强，客户听了会不舒服，反而更不想前来。

之后，再顺势切入主题："您上次说要再考虑考虑，这两天没见您来售楼处，请问您迟迟不能做决定，是因为我们服务不到位还是您对我们楼盘还有什么不满意的地方呢？"等客户回答后，再委婉地告诉客户，希望他能到售楼处来详谈，面对面的沟通比较容易解决问题。

最后，在挂电话之前与客户敲定一个时间，加强客户来售楼处的可能性。

☑ 我们可以这样应对 1

房地产销售人员："王先生，您好！我是××楼盘的小李，可以打扰您几分钟吗？"

客户："好，有什么事你说吧。"

房地产销售人员："是这样的，上次您说还要再考虑几天，我想问一下您考虑得怎么样了？"

客户："我还在考虑中，等考虑成熟了再说吧。"

房地产销售人员："冒昧地问一句，您这样犹豫不决，是因为对我们楼盘不满意还是我的服务不到位呢？"

客户："那倒不是，我太太在××楼盘看了一套房，和你们楼盘的那套条件差不多，我们这几天就在考虑这事儿。"

房地产销售人员："买房是件大事，多做比较是应该的。明天是周末，您和太太有时间来我们售楼处一趟吗？顺便把 × × 楼盘的资料带来，我给您分析分析，毕竟干这行这么多年了，总能提出些看法供您参考。买不买我们的房子没关系，就算是交个朋友吧。"

　　客户："那好，明天我们去售楼处找你，你给我们分析分析。"

　　❖ **点评**：面对客户的一拖再拖，房地产销售人员要表现出大度和淡定，这样才能让客户对你刮目相看，并更容易接受你的分析和建议。

☑ 我们可以这样应对 2

　　房地产销售人员："张先生，您好！我是 × × 楼盘的小李，请问您现在方便讲话吗？"

　　客户："嗯，什么事？"

　　房地产销售人员："您上次说要回家考虑几天，但您这几天一直没再过来。所以我想问您，您是对这套房有什么不满意的地方还是有其他考虑呢？"

　　客户："倒没有什么不满意的，只是听朋友说朝西的房子不好，太晒了。"

　　房地产销售人员："张先生，之前我们也聊过这个问题。现在在电话里也说不清楚，今天正好是周末，您方便来我们售楼处一趟吗？我们再好好聊聊这个问题。"

　　客户："行，那我下午三点过去吧。"

　　❖ **点评**：面对面的沟通对解决实际问题更有帮助。只要客户愿意接受你的邀请前来面谈，你的电话沟通就是成功的。

大讲堂 86

当客户拖家带口来看房且意见不统一时

买房是一件大事，因此很多客户在看房的时候通常是拖家带口。像这样的客户，如果家人意见统一还好办。如果家人意见不统一，我们房地产销售人员又该如何应对呢？

✗ 应避免的错误

1. 以掏钱人的意见为主。

——掏钱人的意见的确重要，但有时候掏钱人不一定是决策者。

2. 抓住自己认为最重要的人，对其进行重点说服。

——你能分得清到底谁是最重要的人吗？一大家子一起来看房时，我们必须对每个人在看房过程中所扮演的角色进行详细分析，并针对不同角色采用不同的应对措施。

3. 重点说服使用者。

——有些时候，使用者不一定有决策权。

4. "你们自己先讨论好，确定要哪套再和我说。"

——作为房地产销售人员，你的作用就是帮助客户挑选到适合的房子，给客户一些专业的意见。如果让客户自行讨论，很可能半天都没个结果。

购房毕竟不是件小事，客户通常不是只身一人前来看房，而是带上家人一同前来。当客户带着一家人一起前来看房时，有的房地产销售人员看了这阵势就紧张，认为这种客户最难应付，不知该听哪个人的意见好。

面对这种一对多的局面时，我们一定要注意把握好以下三点。

1. 分清同行人各自扮演的角色

我们既要照顾好各位同行人员的情绪，还要分清他们各自扮演的角色。

——使用者对房子的优缺点最有发言权，应对其积极引导；

——决策者的话最有分量，一定要重点应对；

——掏钱者掌握着"财政大权"，自然不可怠慢；

——参谋者看似可有可无，但有时候他们不经意的一句话就可能改变交易结果。

2. 找出决策者并重点对待

接待此类客户，最关键的是要找到真正的购买决策人。一般情况下，家中的"顶梁柱"通常是最有决策权的。但在某些时候，老人、孩子也是有决策权的，这就需要根据他们的购房目的判断了，比如是自己住还是给父母住，或是要送给儿女住。

此外，我们也不能忽视其他家庭成员的意见，虽然他们的意见不是决定性的，但他们会影响决策人的判断。为此，在这种情形下，我们最好能够全面考虑所有家庭成员的意见，并着重照顾决策人。

3. 找好帮手

通过以上两点，我们已经对大局有了大概的掌控，这个时候最好能找一个"同盟"，改变自己势单力薄的不利局面。也就是赢得某位家庭成员的好感，然后利用这个人去说服其他人。这样，既能排除陪同者的干扰，又能利用他们的影响力来促成销售。

☑ 我们可以这样应对

人物设定：林先生（掏钱者）、林先生父亲（决策者兼使用者）

房地产销售人员："林叔叔，您儿子上次来看过这套房子后，觉得很满意，不知道您看了以后觉得如何？"

林父亲："嗯，看起来是还不错，就是楼层高了点，我们老人还是住低楼层更好。"

房地产销售人员："林叔叔，您看起来不到 50 岁吧？"

林父亲："哪里啊，我已经快 60 岁了。"

房地产销售人员："不会吧，林叔叔，您看起来真比实际年龄年轻好多啊。听说您马上要退休了，准备来厦门养老？"

林父亲："小姑娘，你可真会说话。厦门环境不错，我儿子、儿媳和孙子又都住在这儿，所以他们就想在边上也给我们买一套，住得近互相有个照顾。"

房地产销售人员："是呀，一家人住得近多方便啊。您儿子可真有能力，能给父母亲买这么漂亮的房子。"

林父亲："小姑娘，你们有没有楼层低一点的房子？"

房地产销售人员："林叔叔，楼层低的房子也有，不过我还是建议你们买这一套。去年，我父亲的一个同学来厦门买房，也是觉得老人家住在低楼层好。结果，前些天他把去年买的那套房子卖了，换了一套 11 楼的。为什么呢？因为厦门空气比较潮湿，尤其是春天的时候容易返潮。何况，现在的房子都有电梯，也不用爬楼梯，所以还是高楼层好。"

林先生："爸，小孙说得没错，厦门太容易返潮了，还是高楼层好。"

林父亲："这样呀，那还是高点好。天气潮湿，我有关节炎可受不了。"

房地产销售人员："嗯，林叔叔，高楼层不但不会那么潮湿，而且站得高看得远，像这套 23 层的房子，可以看山看海，景色可美了。"

林父亲："那好，就这一套吧。"

❖ 点评：作为房地产销售人员，我们要对客户各方面的情况有大致的了解，例如年龄、经济状况、家庭成员、购房目的等。做到这一点，即使客户带很多人同时前来看房，我们也能做到心中有数、沉着应对了。

大讲堂 87
当客户带朋友一起来看房洽谈时

除了家人，带朋友前来一起看房、洽谈的客户也不少。遇到这种情形，房地产销售人员要注意排除"外人"的影响，甚至要想方法让他们站在我们这一边，以帮助客户尽快做出购买决定。

☒ 应避免的错误

1. 照顾好客户本身就可以了，对陪同看房的朋友不管不问。

——既然客户会带朋友一起前来洽谈，就说明该朋友的意见会对其产生一定的影响。如果忽视了陪同者，容易引发陪同者的不满，为销售制造不必要的障碍。

2. 对陪同客户前来洽谈的朋友十分热情，处处征求他的意见。

——对陪同者过分热情，只会加重客户的顾虑。而且，如果客户与其朋友意见不统一，就会更难做出决策。

通常情况下，客户能够带朋友一起来看房，说明他的这位朋友要么懂一些房地产专业知识，要么有过购房经历。无论如何，既然客户请他做参谋，那么他的意见就会对客户产生一定的影响。为此，我们在接待客户的同时，千万不能怠慢了他身边的这位"参谋"。

　　一个比较简单的方法，就是给足这位"参谋"面子，适时地赞美他，比如，"您的朋友真是位专家""我很少碰到这么懂房产的人"。谁都喜欢被赞美，只要给足他"面子"，一般情况下他在我们的推介过程中是不会太为难我们的。

☑ 我们可以这样应对

　　（客户陈先生带着朋友吴先生前来看房）

　　房地产销售人员："陈先生，这套房子很不错吧。"

　　陈先生：（转过头来问他朋友吴先生）"你觉得怎么样？"

　　吴先生（陪同者）："别的还好，就是只有一个卫生间不太方便。"

　　陈先生："是啊，一个卫生间的确不够方便。"

　　房地产销售人员："吴先生，您对房地产可真够了解的，难怪陈先生会请您帮忙看房。您说得没错，只有一个卫生间的确不太方便。不过，我们只要稍微改动一下，就可以变为两个卫生间了，您说是吧？"

　　吴先生（陪同者）："是的，这套房子是框架结构的，这堵隔墙是可以拆除的。而这个卫生间那么大，完全可以改为两个卫生间。"

　　房地产销售人员："陈先生，您这朋友真是位专家，请他来帮忙看房肯定不会看走眼的。您看这么一改，就不会有什么问题了。"

　　陈先生："那当然，他可是室内设计师，要不我请他来干吗？"

　　房地产销售人员："原来吴先生是室内设计师啊！不知道吴先生能否给张名片，我这边经常会有客户买了房子要装修，让我帮忙推荐设计师和装修公司。"

　　吴先生（陪同者）："当然可以了，这是我的名片。"

　　房地产销售人员："谢谢，以后碰到有这方面需求的客户，我就让他们给您打电话。您看这套房子还有其他问题吗？"

吴先生（陪同者）："我觉得还不错。（转向陈先生）你觉得呢？"

陈先生："嗯，我觉得也还可以，比前两套好多了。"

❖ 点评：适度的赞扬会让对方心情愉悦，从而更容易听进你的意见，确保交易的顺利达成。

大讲堂 88

当客户交定金后却迟迟不来签约时

有时候，客户已经付了定金，但是回家后却改变主意，迟迟不来签约。遇到这种情况，房地产销售人员应该怎么做呢？

☒ 应避免的错误

1. 三番两次地打电话，催客户赶紧前来签约。

——这种做法有骚扰客户的嫌疑，会影响到客户的正常生活，从而引起客户的反感，起到反效果。

2. 不重视，认为客户想来自然会来。

——这是非常消极的表现，不够积极主动，很可能就因为你的放任给了客户改变主意的时间和机会，丢掉了即将到手的生意。

3. 告诉客户若是不按约定期限前来签约就违约了，定金就无法退还。

——利用罚则催客户前来签约只是一种辅助手段，主要还应以解决客户的疑虑为重，否则客户即便来签约了，也心不甘情不愿，对公司的形象不利。

客户交定金后却迟迟不来签约，通常有以下几个原因：听到了不同意见，如房子买贵了、楼盘质量不好、开发商信誉差等，使其有了后悔之意；资金吃紧，想通过晚签约来拖延付款时间；适逢房价走低，打算退定或观望一段时间。当然，也有可能是因为事务繁忙，无意间忘记了。

由于客户已经付了定金，而定金有一定的担保作用，所以主动权掌握在我们手上，房地产销售人员有较大的谈判砝码。且然如此，为了让每一位购房者都能够满意，我们还是不能用强硬的语气要求其前来签约，而应该先打电话咨询，想办法了解客户迟疑的真正原因。有必要的话尽量把客户约到售楼处，进一步展示楼盘的价值，坚定客户的购买决心。

☑ 我们可以这样应对 1

房地产销售人员："王先生，您好！我是××楼盘的小李，可以打扰您几分钟吗？"

客户："有什么事你说吧。"

房地产销售人员："王先生，是这样的，我想问您什么时候来售楼处签合同，您定的那套房，签买卖合同的期限快到了。"

客户："哦，再让我考虑几天吧。"

房地产销售人员："王先生，您之前看房的时候对这套房很满意，可以告诉我您还有什么疑虑吗？"

客户："我朋友都说你们的房子地段不好，不值这个价。"

房地产销售人员："王先生，关于地段问题，您之前也来考察过，了解过我们楼盘所处地段的升值潜力。您的朋友如果有疑虑，可以请他一起来售楼处，我把市政规划图给他看一下。"

客户："这……"

房地产销售人员："王先生，您已经交了定金，协议书上面有规定，如果您未能在××日前来签约的话，就需要支付××××元的违约金。

您看这两天方便吗，和朋友一起来，再考察下我们楼盘，到时候再做决定，怎么样？"

客户："行。"

❖ 点评：当客户提出延迟签约时，我们没必要一开始就咄咄逼人，否则会很容易破坏客户关系。要知道，我们的目的是为了让这次交易顺利完成。所以，我们要先探询事情的原委，并尽可能地想办法消除客户的疑虑，以顺利实现签约。

☑ 我们可以这样应对 2

房地产销售人员："王先生，您好！我是××楼盘的小李，可以打扰您几分钟吗？"

客户："有什么事你说吧。"

房地产销售人员："昨天您没来售楼处签买卖合同，请问您是有什么疑问吗？"

客户："你先帮我把签约日期延后一段时间，我再考虑考虑。"

房地产销售人员："王先生，真的很不好意思，不是我不愿意帮您，只是协议上有规定，交完定金一周内就要交首付并签买卖合同。如果您没有按期签约，就属于违约了，需要支付××××元的违约金。"

客户："协议是死的，人是活的，你就帮我延后几天吧。"

房地产销售人员："您这就为难我了，公司有规定，我们都要按照协议严格执行。您也知道，我们楼盘的销售情况非常好，如果您不能在下周一之前来签约，我们就有权自行处理这套房子了。"

客户："好的，我知道了，我会好好考虑的。"

❖ 点评：作为销售，即使理在你这边，在回绝客户的不合理要求时也要做到有礼有节，而不能生硬地回绝客户。否则，即使最终签约，你也很可能永远失去了这个客户。

大讲堂 89

当房价下跌客户要求退房或补差价时

房价上涨时，已经买房的人肯定是欣喜不已，认为自己赚到了。但当房价下跌时，有些买完房的客户就不淡定了，甚至会找上门来要求退房或补差价。对于这种不合情理的要求，我们该如何妥善处理呢？

☒ 应避免的错误

1."如果房价上涨了，您肯把差价给我们吗？"

——这种说法要表达的意思没错，但是只告诉了客户结果，而没有告诉客户为什么是这个结果，客户很难信服，是无法解决问题的。

2."您这不是无理取闹吗？就算告上法庭也没用。"

——这样回答显得有点得理不饶人，而且试图拿法律来"堵"客户的嘴，很可能会起到反效果，引发客户不满，造成更加严重的后果。

3."买房跟炒股一样，都有风险的。"

——这种说法的确没错，但是过于直白，丝毫不考虑客户的感受，只会让其情绪更为激动。

在变化莫测的房地产市场中，房价有所涨跌是很正常的现象。虽然客户在房价下跌的时候让开发商退房或补差价属于不合理的要求，但在处理该问题时我们也不能得理不饶人，需要注意方式方法。

在客户提出这种要求的时候，我们要从两个方面入手：一是表示法律上没有这方面的规定，公司没有责任为客户退房或补偿差价；二是与客户讲理，表示这完全是违背市场规律的做法，买房本身就具有一定的风险，这是开发商也无法预料的。如果房价下跌就要求退房或补差价，那么房价上涨的时候，开发商也能向业主索要利润吗？

☑ 我们可以这样应对

客户："小陈，我买了你们的房子，还没住进去呢，每平方米就跌了上千元，你们可得给我补偿差价。"

房地产销售人员："张先生，您先不用着急，请听我解释。您买房子是自住对吧？自住的房子考虑更多的是房屋的使用价值。房价虽然跌了，但是房屋的使用价值并没有减少啊。何况，房价下跌只是暂时的，过阵子楼市回暖，房价就回升了，对您来说基本上没有影响。"

客户："话是这么说，但是当初看房的时候你们一直说这里有很大的升值潜力，房价一定会涨，我这才买的。你们可不能赚了钱就什么都不管了，小心我上法院告你。"

房地产销售人员："张先生，没有哪项法律规定房价下跌就让开发商补偿差价的，这是缺乏法律依据的。我记得您也炒股，如果您买的股票跌了，可以去找证券公司赔偿损失吗？我知道房价下跌您心里不好受，但是只要您放平心态，从房屋的使用价值上来看，您是没有多少损失的。"

❖ 点评：不管客户的情绪如何激动，房地产销售人员一定要掌控好自己的情绪，要通过语气、语调以及表情、肢体语言等引导客户趋向平静。只有心平气和地交谈才能还原事情的本来面目，孰是孰非也才能理清楚。